Sabine Böhne-Di Leo

Die Erfindung der Bundesrepublik

Sabine Böhne-Di Leo

Die Erfindung der Bundesrepublik

Wie unser Grundgesetz entstand

Kiepenheuer & Witsch

Für meine Kinder und Enkelkinder

»Der Begriff des Verfassungsstaats besagt nicht mehr und nicht weniger, als daß die Staatsmacht durch Gesetze begrenzt sein muss.«

Hannah Arendt

After a war when so many died
there we were working side by side
the greatest lift by air in history
how it was done is still a mystery

William L. Ball, der als 19-jähriger Flugmotoren-Mechaniker in Lübeck für die Luftbrücke im Einsatz war

Inhalt

1. Deutscher Schicksalsauftrag

Dichte Wolken liegen über dem Flughafen Wiesbaden. Es ist der 8. Juli 1948, gegen 23.30 Uhr, als die zweimotorige Dakota Richtung Berlin startet. Schwer mit Lebensmitteln beladen, gewinnt die Transportmaschine nur langsam an Höhe. Zu langsam, um es über die Höhen des nahen Taunus zu schaffen. Wenige Minuten nach dem Start zerschellt das Flugzeug am bewaldeten Hang des 540 Meter hohen Steinkopfes nahe Königstein. Die beiden amerikanischen Piloten und ein Zivilangestellter der US-Army sind sofort tot. Es sind die ersten Opfer der Luftbrücke, mit der die westlichen Alliierten seit Ende Juni über zwei Millionen Berliner versorgen.[1]

Am selben Tag fliegt Louise Schroeder in umgekehrter Richtung mit einem leeren Rosinenbomber nach Westdeutschland. Die amtierende Oberbürgermeisterin von Berlin nimmt an einer Konferenz im Koblenzer Berghotel Rittersturz teil. Als sich die schmale 61-jährige Frau mit der Metallbrille und dem schlicht zurückgekämmten Kraushaar erhebt und zu sprechen beginnt, hat sie wie immer das Ohr ihrer Zuhörer.[2]

Vor ihr sitzen an diesem verregneten Donnerstag die

westdeutschen Ministerpräsidenten sowie die Bürgermeister der beiden Stadtstaaten Hamburg und Bremen. Sie können sich noch gut an den Auftritt der Berliner Kollegin vor einem Jahr auf der Ministerpräsidentenkonferenz in München erinnern. Mit einem Referat über die »Auswirkungen der Unterernährung auf die Volksgesundheit« schaffte es die renommierte Sozialpolitikerin und Mitbegründerin der Arbeiterwohlfahrt[3] damals, Berlin zum Notstandsgebiet erklären zu lassen.[4] Erst vor wenigen Wochen ist sie in der Frankfurter Paulskirche einstimmig zur Präsidentin des Deutschen Städtetages gewählt worden. Nun haben die westdeutschen Politiker die erste Berliner Regierende als Ehrengast zur Koblenzer Konferenz eingeladen.[5]

Eigentlich hat Louise Schroeder überhaupt keine Zeit für Reisen. Seit Stalin eine Blockade über den Westteil der Stadt verhängt hat, fehlt es an allem. Gleichzeitig gibt es zu viele hungrige Mäuler zu stopfen. Über zwei Millionen Menschen leben im amerikanischen, britischen und französischen Sektor. Sie sitzen in der Falle. »Unsere Louise«, wie die Berliner die volksnahe Sozialdemokratin liebevoll nennen, muss Milch für hungernde Kinder und Strom für den Betrieb der Metropole organisieren. Die Konferenz der Ministerpräsidenten auf dem Rittersturz ist für die Oberbürgermeisterin jedoch ein Pflichttermin. Schließlich geht es in dem traditionsreichen Haus über dem Rhein, das in der französischen Besatzungszone liegt und als eines der wenigen Hotels von den Bomben des Zweiten Weltkriegs verschont geblieben ist, um die Zukunft Deutschlands.

Seit der Kapitulation am 8. Mai 1945 ist es ein Ruinenfeld ohne staatliche Souveränität. Amerikaner, Briten, Franzosen und Sowjets haben das sogenannte Dritte Reich nach Hitlers Angriffskrieg mit vereinten Kräften geschlagen und aufgeteilt. Ursprünglich wollten sie die wirtschaftliche Einheit der vier Zonen aufrechterhalten, bis in einem Friedensvertrag die deutsche Frage geklärt würde.[6] So jedenfalls verkündeten es die Sieger im August 1945 auf der Potsdamer Konferenz. Kurz zuvor hatten »die großen Drei« Truman, Churchill und Stalin lachend und mit demonstrativ verschränkten Händen vor den Fotografen auf der Potsdamer Konferenz posiert. Drei Jahre später ist die Einigkeit der Sieger passé. USA und Sowjetunion stehen sich mit ihren gegensätzlichen wirtschaftlichen und weltanschaulichen Prinzipien als neue Supermächte gegenüber. Während die Sowjets in ihrer Besatzungszone die Großgrundbesitzer enteignet, eine Planwirtschaft installiert und alle nicht kommunistischen Kräfte ausgeschaltet haben, setzen die westlichen Alliierten auf freie Marktwirtschaft.

Die Amerikaner übernehmen die Vorreiterrolle und gehen systematisch vor. Bereits im Juni 1947 haben sie mit dem Marshallplan ein gigantisches Hilfsprogramm verkündet, um das zerstörte Europa wiederaufzubauen und mit der eigenen Wirtschaft zu verzahnen. Er trat im April 1948 in Kraft. Am 20. Juni folgte als Überraschungscoup die Währungsreform in den Westzonen. Sie dient ebenfalls dem Zweck, die Wirtschaft ans Laufen zu bringen und das Land im Westen zu verankern.

Als Nächstes soll der politische Aufbau folgen. Dazu haben der amerikanische, britische und französische Gouverneur die westdeutschen Ministerpräsidenten am 1. Juli 1948 nach Frankfurt bestellt. Sie erhalten die sogenannten Frankfurter Dokumente mit dem Auftrag, in nur zwei

Monaten eine verfassungsgebende Versammlung einzuberufen. Ihre Mitglieder sollen »eine demokratische Verfassung ausarbeiten, die eine Regierungsform des föderalistischen Typs schafft«.[7]

Was wie ein freundlicher Vorschlag klingt, ist ein Befehl. Die Ministerpräsidenten leiten zwar die Verwaltung der von den Besatzern gegründeten westdeutschen Länder und der beiden Stadtstaaten Bremen und Hamburg. Viel zu sagen haben sie jedoch nicht. Egal, ob es um die Höhe der Lebensmittelrationen oder die Wiedereröffnung von Universitäten, um die Lizenz einer Tageszeitung oder den Grenzübertritt zwischen den einzelnen Zonen geht: Die Militärgouverneure haben als Machthaber das letzte Wort. Unter diesen Umständen sollen die westdeutschen Politiker eine demokratische Verfassung ausarbeiten? Anstatt Aufbruchsstimmung löst der Plan Beklemmung aus. Wie soll das gehen ohne die Landsleute in Ostdeutschland? Würde man damit nicht die deutsche Teilung heraufbeschwören? Wie würden die Sowjets darauf reagieren? Fragen über Fragen, auf die man in der Koblenzer Runde Antworten finden will.

Louise Schroeder darf als Ehrengast zuerst sprechen. »Ich habe das große Bedürfnis, für die liebenswürdige Einladung zu danken«, beginnt sie mit gewohntem Charme, um bereits im nächsten Satz zur Sache zu kommen: »Ich fühle, dass sie zugleich die große Verbundenheit Deutschlands mit Berlin in sich schließt.«[8]

Louise Schroeder hat allen Grund, den Zusammenhalt zu beschwören. Sie regiert eine Stadt, die in vier Sektoren zerschnitten ist und mitten in der sowjetischen Besatzungszone liegt. Die Zeichen stehen auf Teilung. Für die beiden

Berlins Oberbürgermeisterin Louise Schroeder auf der Konferenz der westdeutschen Ministerpräsidenten im Koblenzer Hotel Rittersturz. Neben ihr sitzt der rheinland-pfälzische Innenminister Jakob Steffan (SPD).

Supermächte USA und UdSSR ist die alte Hauptstadt von größter geostrategischer Bedeutung. Nur zu gerne würden die Sowjets die westlichen Alliierten daraus vertreiben. Zwei Wochen vor dem Treffen auf dem Rittersturz hat Stalin daher als Reaktion auf die Währungsreform in den Westzonen eine Blockade über die Stadt verhängt. Bahnschienen, Straßen und Kanäle, die quer durch die Ostzone in den Westteil der alten Hauptstadt führen, sind gekappt. Auf den Wasserstraßen, die das Ruhrgebiet mit Berlin verbinden, stauen sich die Schiffe. Kohle und Kartoffeln bleiben ebenso auf der Strecke wie Mehl und Medikamente. Der Konflikt zwischen den USA und der Sowjetunion gärt bereits, seit Stalin 1946 versuchte, den Iran unter sowjetische Kontrolle zu bringen und US-Präsident Truman ein Jahr später die gleichnamige Doktrin zur Eindämmung des Kommunismus verkündete. Jetzt bekommen die Berliner den Kalten Krieg am eigenen Leib zu spüren.

Louise Schroeder hat daher keine Zeit zu verlieren. Zwar haben die Amerikaner kurz nach Beginn der Blockade gemeinsam mit den Briten eine spektakuläre Luftbrücke gestartet. Seither fliegen zweimotorige Dakotas Lebensmittel und Steinkohle von Frankfurt und Wiesbaden aus hinüber in die geschlossene Stadt. Ob die Luftbrücke funktioniert und Westberlin als freie Stadt überlebt, ist jedoch höchst ungewiss.

Den Energiebedarf können die Flieger jedenfalls kaum decken. Strom gibt es daher nur nachts, je nach Bezirk etwa von drei bis fünf und am Tag von 16 bis 18 Uhr. In diesen zwei mal zwei Stunden erwacht die Stadt zu einem surrealen Leben: Menschen eilen aus den Kellern ihrer zerbombten Häuser. Ärzte stellen Röntgenapparate an. Frauen gehen nachts zum Friseur, der im Bombenhagel zumindest Scheren und Kämme gerettet hat. In Werkzeugfabriken rattern intakt gebliebene Maschinen und auf frei geräumten Chausseen die Straßenbahnen los. Nach exakt zwei Stunden herrscht wieder Stillstand, Dunkelheit senkt sich über die Stadt. Die Zeit der Stromversorgung ist zu kurz. Viele Firmen müssen wegen mangelnder Energie schließen. Die Zahl der Arbeitslosen klettert auf über 150.000. Eheleute streifen sich die Trauringe von den Fingern, um sie auf dem Schwarzmarkt gegen Brot einzutauschen.[9] Die Tuberkulose grassiert.

Louise Schroeder ist als populäre Oberbürgermeisterin erste Ansprechpartnerin für die Nöte der Menschen. Die gesundheitlich angeschlagene Frau, die seit dem Krieg unter Magengeschwüren leidet,[10] steht jedoch unter ständiger Kontrolle von vier Stadtkommandanten. Sie ist hin- und hergerissen zwischen deren oft widerstreitenden Befehlen. Das höchste Amt im Berliner Magistrat hat die Sozialdemokratin überhaupt nur inne, weil die sowjetischen Besatzer Schroeders selbstbewussten Parteigenossen Ernst Reuter als gewählten Regierenden ablehnten.[11] Der war mal Mitglied der KPD und trat 1922 zur SPD über. Da er nach 1933 im türkischen Exil ebenso vehement vor den Kommunisten warnte, wie er seit seiner Rückkehr nach Berlin gegen die Zwangsvereinigung von SPD und KPD zur SED wettert, ist der Volkstribun für die Sowjets Persona non grata.

Seine Stellvertreterin hingegen akzeptieren sie. Seit dem 8. Mai 1947 hat mit Louise Schroeder erstmals eine Frau das Amt des Oberbürgermeisters inne.[12]

Die Sozialdemokratin gilt als eine, die mit Männern umgehen kann. »Sie verbindet eine sehr bestimmte und zugleich bescheidene Haltung mit einer spürbar fraulichen Güte – Eigenschaften, die sich in vielen Verhandlungen als wertvoll zeigten«, heißt es in der Heidelberger Rhein-Neckar-Zeitung. Sogar die New York Times berichtet über die Personalie: »Wenn es in der Welt eine Aufgabe gibt, deren Lösung ›einen ganzen Mann‹ benötigt, so ist es sicher die, die zerstörte, unruhige, hungrige Stadt Berlin zu regieren. Niemals hat bis jetzt eine deutsche Frau eine so wichtige Stellung innegehabt, noch wurde jemals eine Stadt von vergleichbarer Größe irgendwo in der Welt von einem Mitglied ›des zarten Geschlechts‹ verwaltet«, heißt es in dem Artikel, der schließlich das ultimative Lob ausspricht: »Sie ist fähig, die komplizierte Verwaltungsmaschinerie dieser kosmopolitischen Stadt verhältnismäßig reibungslos in Gang zu halten.« Ihre außergewöhnliche Gemütsveranlagung befähige sie, »mit fast jedermann fertig zu werden, mit dem sie in Berührung kommt, unter welchen Umständen dies auch immer sein mag«.[13]

Die Tochter eines Hamburger Bauarbeiters und einer Gemüseverkäuferin ist eine gestandene Frau. Während der Weimarer Republik war die Sozialpolitikerin 14 Jahre Abgeordnete im Reichstag, wo sie maßgeblich mit Kolleginnen den Mutter-, Säuglings- und Kinderschutz erstritt. Als es gegen Hitlers Ermächtigungsgesetz ging, bewies sie Mut und Durchsetzungskraft. Die Sozialdemokraten hatten unter ihrem Vorsitzenden Otto Wels als einzige Fraktion entschieden, geschlossen mit »Nein« gegen die Selbstentmachtung des Parlaments zu stimmen. An jenem 23. März 1933 lastete ein großer Druck auf den Abgeordneten. Das Parlament war wegen des ausgebrannten Reichstages in die Kroll-Oper ausgewichen. Auf dem Platz davor ebenso wie im Inneren des Gebäudes hatte die SS Stellung bezogen. Drohend bewachte sie auch die Eingänge zum Plenarsaal. Zahlreiche Kommunisten und Sozialdemokraten, Gewerkschafter und Intellektuelle waren bereits von der SA in sogenannte wilde Konzentrationslager verschleppt worden oder befanden sich auf der Flucht. Erst am Vormittag war eine SPD-Bezirksverordnete von den Nazis auf einen Tisch geschnallt und ausgepeitscht worden.

In der Fraktionspause vor der entscheidenden Abstimmung versammelten sich die in Berlin verbliebenen Sozialdemokraten in ihrem Sitzungsraum im Reichstag, der vom Feuer unbeschädigt geblieben war. Katholische Abgeordnete wie Joseph Joos vom Zentrum kamen vorbei und warnten die Kollegen: »Es ist für Euch sehr gefährlich, wenn ihr jetzt da hinübergeht und mit ›Nein‹ stimmt.« Der SPD-Abgeordnete Karl Höltermann fürchtete, nicht mehr lebend aus der Kroll-Oper hinauszukommen: »Genossen, ist das nicht eine Mausefalle, in die wir uns begeben? Müssten wir uns jetzt nicht mit einer großen Proklamation verabschieden und nicht mehr hinübergehen?« Louise Schroeder rief ihm daraufhin erregt entgegen: »Auch Du, Höltermann, wirst mit ›Nein‹ stimmen. Wir werden alle mit ›Nein‹ stimmen. Ich sage Euch, ich gehe hinüber und stimme mit ›Nein‹ und wenn sie mich in Stücke reißen.«[14] Alle 94 anwesenden Sozialdemokraten folgten ihrem Appell und Otto Wels' Worten, der in der letzten freien Rede die Ablehnung des Ermächtigungsgesetzes durch die SPD begründete: »Freiheit und Leben kann man uns nehmen, die Ehre nicht.«[15]

Der SPD-Vorsitzende emigrierte nach Prag. Louise Schroeder, die damals noch in Altona lebte, musste sich zweimal täglich bei der Polizei melden. Nachdem die SPD im Sommer 1933 von Hitler aufgelöst wurde, verlor die Politikerin das Reichstagsmandat und alle ihre Ämter. Der NS-Staat verweigerte ihr die Arbeitslosenunterstützung. Um als alleinstehende Frau irgendwie über die Runden zu kommen, eröffnete die gelernte Bürokraft und frühere Chefsekretärin einer Versicherungsgesellschaft[16] in Hamburg die Filiale einer Brotfirma.[17] Weil sie sich jedoch weigerte, den Laden bei Propagandaaufmärschen mit NS-Flaggen zu schmücken, kamen kaum noch Kunden. Durch die Hilfe von Freunden konnte Louise Schroeder schließlich als Sekretärin in einer Berliner Baufirma untertauchen, deren Inhaber die Sozialdemokratin schützte.[18]

Mit ihrer resoluten und zugleich freundlichen Art hat sie jetzt sogar das Ohr des sowjetischen Stadtkommandanten General Kotikow. Mehrmals spricht sie erfolgreich bei ihm vor, um willkürlich verhaftete Sozialdemokraten, die sich weigern, der SED beizutreten, vor der Verschleppung in Arbeitslager zu bewahren.[19]

Zugleich macht sie sich über die Brisanz der Lage keine Illusionen. Die Sowjets werden alles daransetzen, die Metropole in ihr politisches System einzuverleiben. Bei der Gründung eines separaten Weststaates, wie es Amerikaner, Briten und Franzosen von den Ministerpräsidenten in ihren Zonen verlangen, würde es zur Teilung Deutschlands und der alten Hauptstadt kommen. Louise Schroeder appelliert daher beim Treffen auf dem Rittersturz an die Solidarität der westdeutschen Ministerpräsidenten: »Eins aber wollen wir als Berliner: verbunden bleiben mit dem deutschen Volk in seiner Gesamtheit.«[20] Bevor sie am nächsten Tag aufbricht, redet Louise Schroeder den Kollegen erneut ins Gewissen. Sie bittet, »nichts Endgültiges zu schaffen, sondern erst dann eine Entschließung zu fassen, wenn Berlin mit den übrigen Zonen wieder zu einer Einheit gekommen ist«.[21]

Was für eine unübersichtliche Lage. Hitler hatte mit begeisterter Unterstützung der Bevölkerung das Reich in die Hölle gestürzt. Welcher Weg würde die Überlebenden jetzt aus der Asche führen? Sollten die Westdeutschen, wie von den Besatzern verlangt, vorangehen und schon mal einen demokratischen Teilstaat gründen? Sollten sie stattdessen weiter auf eine gemeinsame Friedensregelung aller Besatzer hoffen oder gar ein neues Staatsexperiment riskieren, dieses Mal unter stalinistischer Führung? Im Sommer 1948 scheint alles möglich.

Eines steht für die westdeutschen Politiker der ersten Stunde jedoch fest: Sie, die wie Louise Schroeder zwölf ihrer besten Jahre zur politischen Untätigkeit verdammt waren, die wie Ernst Reuter im KZ Lichtenburg misshandelt und zur Emigration gezwungen oder wie der ehemalige Kölner Oberbürgermeister Konrad Adenauer aus dem Amt gejagt und verhaftet wurden, wollen das Land zurückführen in die Gemeinschaft der europäischen Völker. Sie werden die Deutschen zu Demokratie und Frieden erziehen.

Die Ausgangsbedingungen sind brutal. Das Pendel der NS-Aggression ist mit Wucht zurückgeschwungen. Vom Bombenfeuer auf Leningrad und London zur Verwüstung von Leipzig und Ludwigshafen, von der kriegerischen Verschwendung der Ressourcen zum lebensbedrohlichen Mangel an allem. Das Einzige, was es im Überfluss gibt, sind Steine. Zu hohen Halden aufgetürmt, säumt der Schutt die Straßen der Städte. »Hannover ist ein Ruinenfeld ohnegleichen«, schreibt Ernst Reuter im Dezember 1946 in einem Brief an den Wirtschaftswissenschaftler und gebürtigen Hannoveraner Fritz Neumark, mit dem er im türkischen Exil Schutz vor den Nazis gefunden hatte. »Schaurig ragen die Schornsteine und Brandmauern der zerbombten und ausgebrannten Häuser in den Himmel hinein. Es ist eine Wanderung durch ein Inferno, wenn man durch die Innenstadt geht.«[22]

In Berlin ist Louise Schroeder knapp davongekommen. Dreimal wurde sie ausgebombt, zuletzt wenige Wochen nach dem Einzug in die Wilmersdorfer Wohnung des ehemaligen Reichstagspräsidenten Paul Löbe und seiner Frau Clara.[23] Seit dem Dauerterror leidet sie an Magengeschwüren, die sie bis an ihr Lebensende quälen werden.

Es geht ihr und den Löbes wie so vielen im Land. Über die Hälfte der Stadtwohnungen ist zerstört. In Industriezentren wie Bochum und Bremen, Kassel und Köln liegen sogar bis zu 85 Prozent in Schutt und Asche. 7,5 Millionen Deutsche hausen ohne Wasser- und Elektrizitätsleitungen in Baracken und Kellern. Die Menschen müssen daher eng zusammenrücken. Wer Platz hat, bekommt Obdachlose einquartiert. Die Berliner Oberbürgermeisterin wohnt jetzt zur Untermiete in der Tempelhofer Boelckestraße 121 bei einer Genossin.[24]

Im rheinischen Rhöndorf steht derweil das Haus von Konrad Adenauer noch kurz vor Kriegsende unter Beschuss amerikanischer Granaten. Die große Familie hat in einem Weinkeller Schutz gefunden. 18 Personen inklusive eines zwei Monate alten Säuglings und vier französischen Soldaten, die aus der deutschen Kriegsgefangenschaft geflüchtet sind, hocken zusammen. Acht Tage harrt die Gruppe darin aus, bevor die Amerikaner im März 1945 den Ort befreien. Bald darauf steht ein Offizier im Garten, der als deutscher Jude in die USA emigriert ist und den Nazigegner Adenauer von früher kennt. Jetzt beauftragen die Amerikaner den Deutschen mit der Verwaltung von Köln. Im offenen Jeep bringen sie ihn und seine Frau Auguste, Gussie, in die Domstadt.[25]

Konrad Adenauer ist ein Erfahrungsträger mit weißer Weste. Als Kölner Oberbürgermeister hatte er sich im Februar 1933 geweigert, Adolf Hitler zu unterstützen. Als der neue Reichskanzler vor den letzten freien Wahlen in Köln auftreten wollte, durchkreuzte Adenauer die Propagandapläne der NSDAP. Er verbot kurzerhand das Hissen von Hakenkreuzfahnen und eine bereits angekündigte »Rheinbeleuchtung zu Ehren Hitlers«. Die Folge war ein Kesseltreiben gegen den Oberbürgermeister mit Todesdrohungen und der Verjagung aus dem Rathaus. Die SA besetzte sein Haus, angeblich zu dessen Sicherheit, und planschte sogar in der Badewanne der Familie.[26]

Nach dem missglückten Attentat auf Hitler am 20. Juli 1944 kam Adenauer, obwohl er nicht beteiligt war, in Haft. Seine Zelle im Gestapogefängnis Köln-Brauweiler lag direkt unter der Folterkammer, wo ihm das Gebrüll der Offiziere acht Wochen lang den Schlaf raubte. Nachdem er einen Herzanfall vorgetäuscht hatte, konnte er mit der Unterstützung von Bekannten aus dem Krankenhaus fliehen. Dafür holte die Gestapo jetzt seine Frau Gussie und setzte ihr die Pistole auf die Brust: Entweder würde sie den Aufenthaltsort ihres Mannes nennen oder ihre beiden 16 und 19 Jahre alten Töchter kämen ins KZ. Schier verrückt vor Sorge um die Mädchen, gab sie seinen Aufenthaltsort preis. Danach versuchte sie, sich aus Verzweiflung über den »Verrat« in der Zelle das Leben zu nehmen.[27] Sie überlebte, ihr Mann wurde erneut verhaftet. Später durften sie sich im Gefängnis während eines Besuchs der Tochter Libet kurz sehen. Gussie Adenauer brach in Tränen aus, gepeinigt von doppelten Schuldgefühlen, dem Verrat und der versuchten Selbsttötung, beschreibt Adenauer-Biograf Werner Biermann die Szene anhand Libets Schilderungen. Sie wird den Moment, in dem der Vater die Mutter in den Arm nimmt und tröstet, nie vergessen. »Es ist offensichtlich, dass Adenauer seiner Frau den ›Verrat‹ niemals zum Vorwurf gemacht hat.«[28]

Das Grauen der Erinnerung wird den Eheleuten bei der Fahrt im amerikanischen Jeep nach Köln ebenso vor

Augen gestanden haben wie das Elend der Zerstörung. Deutschlands bedeutendste Wasserstraße strömt nahezu unpassierbar Richtung Nordsee. Versenkte Rheinschiffe blockieren die Fahrrinne ebenso wie die vielen zerstörten Brücken, deren Ruinen als gespenstische Wellenbrecher aus dem Fluss ragen.[29]

Vor dieser Horrorkulisse treibt Im Winter 1946/47 monatelange Eiseskälte die Menschen zur Verzweiflung. Täglich erfrieren Leute in Gartenlauben und Wohnungen oder sterben an Lungenentzündung. In Berlin tragen Louise Schroeder und ihre Sekretärin Gertrud Loppach Handschuhe mit abgeschnittenen Fingern, damit sie in Akten blättern und auf der Schreibmaschine tippen können.[30] Die Sozialpolitikerin, die zu dem Zeitpunkt noch stellvertretende Bürgermeisterin ist, hat im Berliner Magistrat einen Notausschuss gebildet. Am 13. Februar 1947 tritt sie mit einem Aufruf vor die Berliner Stadtverordnetenversammlung und die Presse. Die Menschen sollen in jedem Haus und für jeden noch bewohnbaren Block Nachbarschaftshilfen gründen. »Wir bitten Sie, alle Einwohner zu beobachten bezüglich der Gefahr von Erfrierung, von Krankheit oder gar von Verhungern«, appelliert sie an die Bevölkerung. Man möge sich gegenseitig helfen, Decken zur Verfügung stellen und »gemeinschaftlich kochen, da, wo der einzelne dazu nicht mehr in der Lage ist«.[31]

Die Töpfe bleiben jedoch oft leer. Da Arbeitskräfte und Dünger ebenso fehlen wie Lkw und intakte Verkehrswege, stürzen Produktion und Import von Nahrungsmitteln nach 1945 ab. 3.000 Kalorien am Tag hatte der Völkerbund im Jahr 1936 empfohlen. Bis 1946 war die Versorgung in Deutschland auf 1.451 Kalorien pro Kopf gesunken – bei starken regionalen Schwankungen. »Im Sommer 1945 brachte es ein Münchner durchschnittlich nur auf 1.300, ein Stuttgarter auf 1.000 und ein Kumpel aus dem Ruhrgebiet sogar nur auf 700–800 Kalorien«, fasst der Potsdamer Historiker Manfred Görtemaker die Lage zusammen.

Die Suche nach Essbarem wird vor allem für die Städter zur alles beherrschenden Tätigkeit. In der Not sammeln die Menschen Bucheckern und Brennnesseln,[32] um ihren Fett- und Vitaminbedarf auch nur annähernd zu decken. Nach dem Vorbild der Berliner vor dem Reichstag graben sie im ganzen Land Rasenflächen für Gemüsebeete und Kartoffeläcker um. Wer noch einen alten Pelz, Teppiche oder das gute Sonntagsservice hat, trägt seine Habe zu den Bauern aufs Land und tauscht sie gegen Eier, Mehl und vielleicht sogar ein Stück Fleisch ein.

»Die Menschenmenge in diesen verwüsteten Städten ist ewig auf der Wanderschaft. Noch nie sind Deutsche so viel gereist, nie zuvor waren deutsche Züge so schrecklich überfüllt«, schreibt der österreichische Ökonom und Wirtschaftsjournalist Gustav Stolper. Als Jude war er 1933 in die USA emigriert. Im Frühjahr 1947 reiste er als Mitglied einer amerikanischen Delegation unter der Leitung des ehemaligen US-Präsidenten Herbert Hoover durch Deutschland. »Dunkle, ungeheizte Personenwagen mit zerbrochenen Fenstern verfrachteten in Bündeln, Koffern, Körben und Behältern aller Art eben so viel Waren wie Personen – ein Volk, das einen großen Teil seines Lebens mit der Jagd nach Lebensmitteln statt mit Arbeit verbringt.«[33]

Für die Ministerpräsidenten und ihre Berater ist es unter diesen Umständen mühselig, zur Koblenzer Konferenz zu gelangen oder nach Frankfurt am Main, wo die Amerikaner im ehemaligen IG-Farben-Haus ihr Hauptquartier aufgeschlagen haben. Benzin ist knapp, das Transportnetz der Reichsbahn streckenweise zerstört. Allein zwischen Frankfurt und dem Ruhrgebiet haben flüchtende Nazis im letzten Kriegsmonat 56 Eisenbahnbrücken gesprengt. Das Schienensystem, die Schlagader der deutschen Industrie, ist ebenso beschädigt wie ein Großteil der Lokomotiven. Die Kohle bleibt auf der Strecke. »Das rollende Material der Reichsbahn ist in einem so jammervollen Zustand, dass auf der Strecke Essen – Hamburg 17mal die Lokomotive gewechselt werden muß«, schreibt der Hamburger Journalist Erik Verg rückblickend. »Das bedeutet 17mal anhalten, und 17mal werden die Züge geplündert. Daß von je 1000 Tonnen Kohle bei der Ankunft 200 fehlen, gilt als ›normaler Schwund‹, manchmal kommt ein Waggon aber auch ›besenrein‹ an. In der Hansestadt sind 1200 Polizisten ausschließlich für die Bewachung der Kohlezüge abkommandiert worden.«[34]

Sinnbild des Elends sind die barfuß laufenden Kinder. Die Schuhproduktion stockt. Es fehlt neben Leder vor allem an Gerbstoffen, mit denen die Tierhäute haltbar gemacht werden. Holzpantinen und zerrissene Sandalen müssen auch vielen Erwachsenen im Winter reichen. Für sie besteht »vorläufig wenig Aussicht, vollwertiges Schuhwerk an die Füße zu bekommen«, schreibt der Spiegel im Mai 1947.[35] Es sei denn, sie verfügen über amerikanische Zigaretten. Wo immer US-Soldaten achtlos eine Kippe auf die Straße schnippen, balgen sich augenblicklich Passanten um die angerauchten Glimmstängel. Für die Ersatzwährung bekommen sie auf dem Schwarzmarkt alles, was in den Geschäften fehlt.

Das haben sie nun vom gigantischen Aufrüstungsprogramm der Nazis. Die hatten für den Krieg die Notenpresse angeworfen und eine dramatische Geldvermehrung verursacht. Nach dem Zusammenbruch fliegt der Schwindel auf. 300 Milliarden Reichsmark sind im Umlauf. Der hohen Geldmenge steht kaum ein Warenangebot gegenüber. Die Währung ist ruiniert.[36]

In all dem Chaos versuchen Louise Schroeder und die deutschen Ministerpräsidenten verzweifelt Ordnung zu schaffen. Dabei fehlt es ihnen selbst an Benzin und Büros, Schreibmaschinen und Telefonleitungen. Unterkünfte für die vielen Ausgebombten und 12,5 Millionen Flüchtlinge aus den ehemaligen deutschen Ostgebieten müssen her, Kartoffeln und Kohle, aber auch unbelastete Lehrer und Schulbücher ohne Nazi-Propaganda. Gefragt ist ein Höchstmaß an Improvisationsgabe und Verhandlungsgeschick im Umgang mit den Besatzern. Zudem braucht es Durchsetzungsfähigkeit gegenüber störrischen Landräten und Bürgermeistern, die allerorts gegen die Entnazifizierung und als ungerecht empfundene Beschlagnahmungen protestieren.[37]

Im Juli 1948 ergänzen die Alliierten das Stellenprofil der Westdeutschen um eine weitere Aufgabe: strategisches und visionäres Denken.

Darauf haben sie lange gewartet. In Widerstandsgruppen, der inneren Emigration und im Exil konnten sich Nazi-Gegner in Ost und West nur gedanklich in die Zukunft flüchten.[38] »Wie oft haben wir uns das Wort ›nachher‹ zugeflüstert«, erinnert sich Carlo Schmid, stellvertretender Staatspräsident und Justizminister im damaligen Württemberg-Hohenzollern. »Wie oft daran herumgegrübelt, dass nach der Niederwerfung des Tyrannen in dieser armen Welt eine neue Ära anbrechen würde.«[39] Jetzt ist es so weit. Die Ministerpräsidenten müssen auf Geheiß der Sieger den Blick aus dem Jammertal ihres Alltagsgeschäftes heben und in die staatliche Zukunft werfen.

Das eine ergibt sich für sie aus dem anderen. Die deutschen Politiker der ersten Stunde haben am eigenen Leib erlebt, was Menschen anderen Menschen antun können. Sie haben die Barbarei nicht verhindern können, sondern wie die gesamte politische und wirtschaftliche Elite in der Weimarer Republik versagt. Das darf ihnen nicht noch einmal passieren. Sie werden daher aus den Fehlern von Weimar lernen und das demokratische Haus wiederaufbauen. Dieses Mal möglichst einbruchsicher. Die Frage ist nur, wann und wo sie damit anfangen.

Die Reform der Wirtschaft ist längst im Gang. Treiber sind Briten und Amerikaner. Sie haben im Siechtum Deutschlands eine Gefahr für die Stabilität Europas erkannt. Noch 1946 verfolgten sie gemeinsam mit Franzosen und Sowjets den Plan, die deutsche Industrieproduktion auf höchstens 75 Prozent des Standes von 1936 zu beschränken. Deutschland sollte mit seiner Stahlproduktion nie wieder militärische Kraft entwickeln können. Vor allem die Franzosen, die innerhalb von 70 Jahren dreimal in Kriege mit dem Nachbarn verwickelt waren, wollen auf Nummer sicher gehen. Sie würden Deutschland am liebsten zerstückeln. Für sie und die Sowjets sind Reparationszahlungen als Ausgleich für erlittene Kriegsschäden das Mittel der Wahl. Es herrscht Selbstbedienungsmentalität. Maschinen und Werkzeuge werden ebenso abtransportiert wie Kohle, Wein und die begehrten Schuhe.

Die Amerikaner benennen als Erste den Schaden, den die Sieger mit dieser Praxis anrichten. Bereits am 6. September 1946 analysiert der amerikanische Außenminister James F. Byrnes in einer berühmten Rede in Stuttgart: »Deutschland ist ein Teil Europas. Die Gesundung in Europa und besonders in den Nachbarstaaten Deutschlands wird nur langsam voranschreiten, wenn Deutschland mit seinen großen Bodenschätzen an Eisen und Kohle in ein Armenhaus verwandelt wird.«[40] Das Land müsse exportieren, um den europäischen Bedarf zu decken und sich mit den Erlösen wirtschaftlich selbst erhalten zu können. Das setze jedoch die wirtschaftliche Einheit der Besatzungszonen voraus. Industrie- und Außenhandel müssten ebenso zentral gesteuert werden wie Landwirtschaft, Post- und Verkehrswesen.

Genau dies hatten die Alliierten 1945 in Potsdam beschlossen. Stattdessen seien die Zonen »zu luftdichten Territorien geworden, nahezu ohne jeden Austausch von Waren, Personen und Ideen«, klagt Lucius D. Clay, der stellvertretende amerikanische Militärgouverneur in Deutschland.[41]

Im Frühjahr 1946 will Byrnes auf der Pariser Außenministerkonferenz Nägel mit Köpfen machen. Er drängt darauf, die vier Besatzungszonen zu einem Wirtschaftsraum zu vereinen und in gemeinsame Friedensverhandlungen einzutreten. Frankreich und die Sowjetunion lehnen jedoch ab, weil sie mit ihren Forderungen nicht durchkommen: Paris beansprucht die linksrheinischen Gebiete und will das Ruhrgebiet als industrielles Herz Deutschlands abtrennen. Moskau fordert neben Reparationen in Höhe von zehn Milliarden Dollar die Beteiligung an einer internationalen Ruhrkontrolle. Schließlich haben die Sowjets mit 27 Millionen Toten den höchsten Blutzoll von allen im »großen vaterländischen Krieg« gegen Nazi-Deutschland bezahlt, mehr als viermal so viel wie die Angreifer mit über sechs Millionen Toten.[42] Außerdem soll die Wirtschaft im Westen nach dem Vorbild der Ostzone in eine sozialistische Planwirtschaft umgebaut werden.[43] Dort hat es bereits im Herbst 1945 Bodenreformen, Verstaatlichungen der Schwer- und Schlüsselindustrien sowie im April 1946 die Zwangsvereinigung von SPD und KPD zur SED gegeben. Moskau legt es offensichtlich darauf an, seinen Einflussbereich auszudehnen. Aktuelles Beispiel ist die Tschechoslowakei. In Prag haben sich erst vor wenigen Wochen auf Druck der Sowjets die Kommunisten an die Macht geputscht.[44] Die USA sind alarmiert.

Warnende Stimmen gab es schon länger. George F. Kennan, amerikanischer Botschafter in Moskau, betrachtete bereits im Sommer 1945 die Potsdamer Vereinbarungen als »abwegig und undurchführbar«. Die Amerikaner seien in Deutschland Konkurrenten der Russen, die Idee, gemeinsam mit ihnen zu regieren, ein Wahn. »Wir haben keine andere Wahl, als unseren Teil von Deutschland, den Teil, für den wir und die Briten die Verantwortung übernommen haben, zu einer Form von Unabhängigkeit zu führen, die so befriedigend, so gesichert, so überlegen ist, dass der Osten sie nicht gefährden kann.«[45] Der britische Oppositionsführer Winston Churchill stieß am 5. März 1946 im amerikanischen Fulton im Bundesstaat Missouri ins gleiche Horn, als er die Entstehung von zwei deutschen Staaten vorhersagt. »Das eine mehr oder weniger organisiert nach dem russischen Modell bzw. im russischen Interesse, das andere nach dem der westlichen Demokratie.«[46]

Inzwischen finden die kritischen Analysen in Washington Gehör. Präsident Truman hat eine Revision der Außenpolitik gegenüber der Sowjetunion eingeleitet. Am 12. März 1947 spricht er in einer Rede vor dem amerikanischen Kongress von den beiden Lebensarten, zwischen denen im gegenwärtigen Augenblick der Weltgeschichte fast jede Nation wählen müsse. »Die eine Art zu leben gründet sich auf den Willen der Mehrheit und zeichnet sich durch freie Institutionen, repräsentative Regierungen, freie Wahlen, Garantien persönlicher Freiheit, Freiheit der Rede und der Religion und Freiheit von politischer Unterdrückung aus. Die zweite Lebensart hat als Grundlage den Willen einer Minderheit. Sie stützt sich auf Terror und Unterdrückung.«[47] Er sichert allen freien Völkern Unterstützung zu, die vom Kommunismus bedroht werden. Die Truman-Doktrin führt zum verstärkten amerikanischen Engagement in Europa und damit auch im westdeutschen Besatzungsgebiet. Das Ziel: die drei Zonen zusammenschließen und einen lebensfähigen, demokratischen Staat aufbauen.

Der erste Schritt ist bereits kurz zuvor erfolgt. Amerikaner und Briten haben ihre Besatzungsgebiete vereint. Die sogenannte Bizone ist am 1. Januar 1947 in Kraft getreten und wird mit zentralen Verwaltungseinrichtungen wie dem Wirtschaftsrat zur Keimzelle der späteren Bundesrepublik. Direktor für Wirtschaft ist ein gewisser Ludwig Erhard.

Schritt Nummer zwei ist der Marshallplan. Das von US-Außenminister George Marshall entwickelte European Recovery Program zielt darauf ab, das zerstörte Europa wiederaufzubauen. Im April 1948 startet das Hilfsprogramm.

Die Sowjets geißeln die Hilfe als Dollar-Imperialismus. Die sowjetische Besatzungszone und andere Ostblock-Länder wie die Tschechoslowakei dürfen auf Druck Stalins nicht teilnehmen – und verlieren damit wertvolle Starthilfen für den Wiederaufbau. Bis 1952 werden die USA über 13 Milliarden Dollar, vor allem in Form von Krediten, auf den alten Kontinent transferieren. Rund 1,3 Milliarden davon fließen in die westdeutschen Besatzungszonen und nach Westberlin.[48]

Was für ein genialer Coup. Mit dem Marshallplan gelingt es den Amerikanern, die westeuropäischen Länder für den Wiederaufbau zu ertüchtigen, sie in das eigene Wirtschaftssystem zu integrieren und den kommunistischen Einfluss auf die notleidende Bevölkerung zurückzudrängen. Nebenbei holen sie Frankreich mit ins Boot, das dringend auf amerikanische Hilfe angewiesen ist. Es steht an der Seite der Westmächte, als die im März 1948 auf der Sechsmächtekonferenz in London mit den drei Beneluxstaaten erstmals empfehlen, ein föderatives Regierungssystem in Westdeutschland zu errichten, und kurz darauf in Brüssel mit den Niederlanden, Belgien und Luxemburg einen Sicherheitspakt schließen. Eben noch haben die Alliierten aus Ost und West gemeinsam gegen Deutschland gekämpft. Nun verbünden sich die Westeuropäer gegen Stalin. Der sprengt daraufhin die höchste gemeinsame Machtinstanz über Deutschland und lässt seinen Militärgouverneur Sokolowski am 20. März 1948 aus dem Alliierten Kontrollrat ausziehen.

Die Fronten verhärten sich endgültig mit Schritt Nummer drei, der Währungsreform. Damit die Marshall-Gelder fließen und ihre Wirkung entfalten können, muss schleunigst die alte Reichsmark reformiert werden. Verhandlungen über eine gemeinsame Währungsreform auch in der Ostzone scheitern. Die Sowjets verlangen neben einer Notenpresse in Berlin eine extra Geldmaschine unter alleiniger sowjetischer Kontrolle in Leipzig. Sie wissen, dass diese Forderung unerfüllbar ist. Die Amerikaner haben ihrerseits bereits heimlich mit dem Druck der neuen Noten begonnen. Die Konfrontation nimmt ihren Lauf.

Die Deutsche Mark wird am 20. Juni 1948 in Westdeutschland eingeführt. Berlin ist davon zunächst ausgenommen. Die Sowjets reagieren eilig mit einer eigenen Währungsreform. Weil sie noch keine Banknoten gedruckt haben, pappen sie eine kleine Wertmarke auf die alten Reichsmarkscheine. Die neue Ostmark soll für ihre Besatzungszone und alle vier Berliner Sektoren gelten.

Am Abend des 22. Juni bestellt die russische Zentralkommandantur Louise Schroeder ein, um ihr den Befehl auszuhändigen. Gemeinsam mit ihrem Stellvertreter Ferdinand Friedensburg und Otto Suhr, dem Vorsteher der Berliner Stadtverordnetenversammlung, wartet die erschöpfte Oberbürgermeisterin stundenlang, bis etwas passiert. Erst nach Mitternacht erscheinen Angehörige der sowjetischen Kommandantur. Sie erteilen die schriftliche Anordnung Nummer 111, in ganz Berlin, also auch in den westlichen Sektoren, nur die Ostmark als gültiges Zahlungsmittel anzuerkennen.[49] Wer Westmark im Portemonnaie hat, riskiert Beschlagnahmung und Verhaftung.

Gegen die Ostmark-Order kämpft vehement Ernst Reuter. Der ist zwar von den Sowjets kaltgestellt. Als gewählter Oberbürgermeister und Stadtrat für Verkehrs- und Versorgungsbetriebe gibt er jedoch hinter den Kulissen weiter die politische Marschrichtung vor. Besonders zum amerikanischen Militärgouverneur Clay hält er engen Kontakt. »Wer das Geld hat, hat die Macht«, mit dieser Formel überzeugt der Sozialdemokrat Clay sowie den britischen und französischen Stadtkommandanten, die D-Mark gegen den ausdrücklichen Befehl der Sowjets auch in Westberlin einzuführen.[50] Die neue Währung wird zum Auslöser eines Dramas, das die Berliner und die Welt fast ein Jahr lang in Atem halten.

Der 23. Juni 1948 ist einer von vielen verregneten Tagen in diesem Sommer. Das schlechte Wetter schreckt jedoch von der SED organisierte Störer nicht davon ab, nachmittags mit Brechstangen und roten Fahnen das Neue Stadthaus in der Parochialstraße in Berlin-Mitte zu stürmen. Der klobige Nazi-Bau hat der Bombardierung standgehalten und verfügt über den weit und breit einzigen unzerstörten Sitzungssaal. Darin tagt die demokratisch gewählte Stadtverordnetenversammlung, die mit dem Magistrat, also der Regierung, ganz Berlin über vier Sektorengrenzen hinweg verwaltet. Das geschieht auf der Basis einer zuvor erarbeiteten Landesverfassung sowie unter den wachsamen Augen und den sich oft widersprechenden Anordnungen der Besatzer.

Der Argwohn der Berliner gilt wegen des zügigen kommunistischen Umbaus im Osten vor allem den »Russen«. Im Oktober 1946 haben sie bei der einzigen deutschen Abstimmung über Sektorengrenzen hinweg den Kommunisten eine Abfuhr erteilt. Vier von fünf Wählern entschieden sich für demokratische Parteien. Allein die SPD, die sich erbittert gegen die Zwangsvereinigung mit der KPD gewehrt hat, erzielte fast die Hälfte der Stimmen. Die »Russenpartei« SED dagegen, die in der gesamten Ostzone aus eben dieser Zwangsfusion hervorgegangen ist, bringt es trotz massiver Unterstützung durch die Sowjets nur auf knapp 20 Prozent. Was auf demokratischem Weg nicht gelungen ist, versucht die SED jetzt mit aggressivem Druck auf die gewählten Abgeordneten zu erreichen.

Um 16 Uhr soll wegen der Währungsreform eine außerordentliche Sitzung stattfinden. Oberbürgermeisterin Louise Schroeder kann die Versammlung jedoch nicht eröffnen. Der Mob ist inzwischen, geduldet von Ostberliner Polizisten, in den Plenarsaal vorgedrungen. In Sprechchören und auf Transparenten fordern die Eindringlinge: »Eine Stadt – eine Währung.« Schroeder tritt den Störern resolut entgegen. »Wir alle wollen das Beste für Berlin«, ruft sie ihnen zu. »Aber wir können nur ordnungsgemäß tagen, wenn wir hier so, wie es die Berliner Verfassung vorschreibt, arbeiten können. Verlassen Sie den Saal und die Tribüne!«[51] Erst nach weiterem Zureden ziehen die Störer ab. Louise Schroeder kann endlich eine Erklärung der Regierung vortragen, die sie am Mittag zur Währungsreform verabschiedet hat. »Der Magistrat ist nicht in der Lage, so sehr ihm die einheitliche Verwaltung Berlins am Herzen liegt, den russischen Befehl in den drei Westzonen auszuführen.«[52] Der verstieße gegen den ausdrücklichen Befehl der westlichen Militärverwaltungen, in ihren Hoheitsbereichen die neue D-Mark einzuführen. West gegen Ost. In Berlin wird es künftig zwei Währungen geben.

Damit haben die Demonstranten gerechnet. Als die Versammlung gegen 20 Uhr endet, erwarten sie die Stadtverordneten vor dem Gebäude mit Buhrufen und Steinen. Es kommt zu Handgreiflichkeiten, die ausgerechnet Jeanette

Wolff treffen. Die jüdische SPD-Abgeordnete war bereits 1933 von den Nazis zwei Jahre in Schutzhaft genommen worden. Später deportierten sie die ganze Familie und rissen sie auseinander. Jeanette Wolff überlebte mit einer Tochter mehrere Konzentrationslager. Ihr Mann und die beiden anderen Mädchen wurden ermordet. Jetzt muss sie sich als »Arbeiterverräterin« beschimpfen und schlagen lassen, ebenso wie Abgeordnete anderer nicht kommunistischer Parteien.

Durch Zufall entgeht Louise Schroeder dem Angriff. Sie trifft nach der Stadtverordnetenversammlung noch zu einer Besprechung mit ihrem Parteifreund Paul Löbe, dem ehemaligen Reichstagspräsidenten, in ihrem Büro zusammen. Während draußen der Mob tobt, schließt Schroeders Sekretärin Gertrud Loppach die beiden sicherheitshalber ein und beordert den Fahrer zum Hinterausgang. Schließlich öffnet sie die Tür zum Büro ihrer Chefin und drängt: »Ihr müsst raus, das wird hier zu gefährlich.«[53] Unbehelligt kann die Oberbürgermeisterin das Gebäude verlassen. Es wird nicht die einzige Attacke auf die gewählte Stadtverordnetenversammlung bleiben.

Louise Schroeder muss jedoch noch weiter an diesem Abend. Berliner Sozialdemokraten haben sie als Festrednerin zu einer Sonnenwendfeier in Neukölln eingeladen. Die dramatischen Ereignisse des Tages haben sich längst herumgesprochen. Tausende von Menschen erwarten von der Oberbürgermeisterin klärende Worte zur Währungsreform. Die wird sie nicht enttäuschen. Sie lässt sich von ihrem Fahrer quer durch die zerstörte Stadt zu der Veranstaltung bringen.

In Berlin geht die Sonne im Juni erst spät unter. Es ist

noch hell, als der Wagen über leidlich geräumte Wege holpert, die wie Schneisen die Trümmer durchziehen. Unbarmherzig leuchtet das Tageslicht die Steinhalden aus, die sich links und rechts auftürmen. Dazwischen stehen aufgerissene Wohnhäuser, die wie zerfledderte Puppenstuben den Blick auf lädierte Etagen, Zimmer und vermeintlich heil gebliebene Möbelstücke freigeben. Die berühmte Berliner Mitte ist eine Gespensterkulisse, der einst pulsierende Potsdamer Platz mit dem feinen Hotel Fürstenhof ein Ruinenfeld. Weiter rüber nach Kreuzberg stehen die Reste vom berühmten Anhalter Bahnhof mit seinem prächtigen Portikus. Er war der Stolz der Berliner, eine der größten Eisenbahnstationen Europas. Der Luxuszug »Riviera-Express« fuhr nach Nizza. Es gab Fernzüge nach Neapel und Istanbul, wo man aufs Schiff umsteigen und bis nach Alexandria reisen konnte. Später wurden von hier aus Zehntausende Juden ins KZ Theresienstadt deportiert. Wie ein Mahnmal ragen die von Ruß geschwärzten Fassaden der riesigen Halle in die Höhe. Das Dach und die Bahnsteige sind zerstört. Was würde nach der Währungsreform als Nächstes auf die geschundene Stadt zukommen? Die endgültige Teilung? Ein neuer Krieg, dieses Mal zwischen den westlichen Alliierten und den Sowjets? Für Louise Schroeder scheint der 1933 begonnene Albtraum kein Ende zu nehmen.

Kurze Zeit später tritt die Oberbürgermeisterin vor die Menge. Sie berichtet von der Eskalation, ohne sie zu beschönigen. Nach kurzer Rede kommt sie zum Schluss: »Ich muss jetzt weiter zu den Alliierten. Bleibt hier, munter und tapfer, Jung und Alt zusammen. Wir werden zusammenstehen.«[54] Es ist ihre Dauerpräsenz und die Fähigkeit, in der

Gefahr den richtigen Ton zu treffen, die in diesen Wochen Louise Schroeders Ruf als Mutter von Berlin begründen.

In der Nacht zum 24. Juni fällt in Westberlin der Strom aus. Die sowjetische Militäradministration kontrolliert über die Kraftwerke im Osten der Stadt das Netz für die gesamte Metropole. Jetzt hat sie die Leitungen für die westlichen Sektoren gekappt. Bereits in den vergangenen Wochen kam es wegen angeblich »technischer Probleme« zu zeitweiligen Störungen im Bahnverkehr. An diesem Donnerstag um sechs Uhr morgens stehen alle Züge zwischen den westdeutschen Zonen und Berlin still. Die Autobahn ab Helmstedt ist wegen »dringender Reparaturarbeiten« gesperrt. Auf den Kanälen stoppen angebliche »Schleusenprobleme« die Durchfahrt. Egal, ob zu Lande oder zu Wasser: Plötzlich verhindert allerorts mysteriöses technisches Versagen den Transport lebensnotwendiger Güter nach Westberlin.[55] Ohne je eine offizielle Erklärung zur Blockade abzugeben, nimmt Stalin die Stadt als Geisel. Als Blaupause nutzt er womöglich die deutsche Belagerung von Leningrad. Über zwei Jahre schnitten die deutschen Truppen das einstige Sankt Petersburg systematisch von jeder Versorgung ab, um die Bevölkerung auszuhungern. Mehr als eine Million Zivilisten kamen dabei ums Leben. Jetzt sind es die Westberliner, die ohne Nachschub von Nahrungsmitteln, Medikamenten und Brennstoffen in der Falle sitzen. Die Vorräte an Mehl reichen noch für 26 Tage, Kartoffeln für 52 Tage und Fleisch für 21 Tage, wie der Tagesspiegel am 5. Juli meldet.[56]

Nur der Himmel über Berlin ist frei. Das liegt an einem Vertrag, den alle Alliierten bereits 1946 miteinander geschlossen haben. Darin sind drei Luftkorridore zwischen

Westdeutschland und Berlin festgeschrieben. Die 32 Kilometer breiten Flugschneisen führen von Hamburg, Hannover und Frankfurt über die Ostzone in die alte Hauptstadt.[57] Amerikaner, Briten und Franzosen nutzen sie bislang, um ihre Einheiten in der Sektorenstadt zu unterhalten.[58] Wäre es möglich, die Millionenstadt per Airlift zu versorgen? General Lucius D. Clay, inzwischen Militärgouverneur der amerikanischen Besatzungszone, sieht darin die einzige Möglichkeit, die Freiheit Westberlins und damit Westdeutschlands zu verteidigen. »Wenn wir beabsichtigen, Europa gegen den Kommunismus zu halten, dürfen wir uns nicht von der Stelle rühren«, beschwört er seine Regierung.[59] Mit Erfolg. In Washington lässt man Überlegungen fallen, das amerikanische Personal aus Berlin abzuziehen. Die Amerikaner bleiben.

Clay lässt seine Leute fieberhaft rechnen. Mit konzentrierten, dehydrierten Nahrungsmitteln können sie Gewicht sparen. Also würde es anstatt Frischmilch nur Milchpulver geben, anstatt Kartoffeln künftig Chips oder Kartoffelpulver, anstatt frischem Obst Trockenware wie Rosinen. Das Ergebnis: 4.500 Tonnen Fracht täglich sind das absolute Minimum, um die Stadt und ihre Bewohner zu versorgen.[60] Jeden Tag müssten wegen der Stromherstellung auch im Sommer Güterwagenladungen voll Kohle in die Luft gehoben und nach Berlin geflogen werden. Es ist unrealistisch, ein derartiges Unternehmen auch über den Winter hinaus zu stemmen. Clay versucht es trotzdem mit den Rosinenbombern, wie die Flieger bald im Volksmund heißen. Die »Operation Vittles«, Operation Proviant, beginnt. Bereits am 28. Juni landen die ersten zweimotorigen Dakotas aus Frankfurt und Wiesbaden mit Lebensmitteln und Kohle auf dem Tempelhofer Feld.[61] Es sind an diesem Tag gerade mal 268 Tonnen. Größere Transportflieger müssen her.

Als am 8. Juli die westdeutschen Ministerpräsidenten auf dem Koblenzer Rittersturz den Worten von Louise Schroeder lauschen, dröhnen rund um die Uhr viermotorige »Skymaster« über Berlin. Sie schaffen inzwischen 1.000 Tonnen am Tag. »Täglich werden neue Rekordziffern gemeldet«, schreibt die Westdeutsche Rundschau in Dortmund.[62] Inzwischen sind auch die Briten an Bord. Sie fliegen von Wunstorf bei Hannover aus zum Flughafen Gatow westlich von Berlin. Außerdem setzen sie Flugboote ein. Zwischen all den Schiffswracks starten sie auf der Elbe bei Hamburg-Finkenwerder und landen auf der Havel. Die Franzosen machen ebenfalls mit. Sie bauen in ihrem Sektor den Flughafen Tegel, um zusätzliche Landebahnen zu schaffen.

Der Kampf um Berlin beherrscht die Schlagzeilen. In dieser Gemengelage trifft Louise Schroeders Appell, erst dann eine Verfassung auszuarbeiten, »wenn Berlin mit den übrigen Zonen wieder zu einer Einheit gekommen ist«, auf offene Ohren. Wie sollen die westdeutschen Politiker der amtierenden Oberbürgermeisterin die Bitte auch abschlagen? Galt die alte Reichshauptstadt noch nach 1945 als ungeliebtes Zentrum des preußischen Militarismus, löst die Berlin-Blockade eine Welle der Solidarität aus. Einer zerstörten Metropole den endgültigen Todesstoß versetzen? Denjenigen, die das Kriegsinferno mit knapper Not überlebt haben, durch Aushungern den Rest geben? Was für ein perfider Plan. Städte, Organisationen und Verbände wetteifern mit Spendenaktionen, wie die Westdeutsche Rundschau schreibt.[63] Viele Menschen zwacken von den eigenen kargen Lebensmittelrationen einen Teil für die Berliner ab. Würden die Ministerpräsidenten in dieser dramatischen Situation mit einer separaten Staatsgründung nicht zusätzlich Öl ins Feuer gießen und die Lage für die Eingeschlossenen weiter verschlimmern?

Lieber abwarten. Noch immer glauben viele, dass die Alliierten das Land einen wollen. So haben sie es doch auf der Potsdamer Konferenz beschlossen. Eine Teilung können und wollen sich die Deutschen zu diesem Zeitpunkt kaum vorstellen. Einige wie Konrad Adenauer, der inzwischen Vorsitzender der nordrhein-westfälischen CDU ist, halten den Optimismus freilich längst für Wunschdenken. Bereits im Sommer 1945 sah er den »von Rußland besetzten Teil für eine nicht zu schätzende Zeit für Deutschland verloren«.[64] Insgeheim zieht er die enge Anbindung an den Westen einer Einheit des Landes unter mutmaßlich stalinistischer Führung vor. Vorerst hält der »Alte«, der als Berater ebenfalls auf dem Rittersturz dabei ist, mit seiner Meinung jedoch hinterm Berg. Er will, wie auch die westdeutschen Ministerpräsidenten, keinesfalls als Verräter Berlins dastehen.

Den Blick aus dem Berghotel werden sie auch am zweiten Tag der Konferenz kaum genossen haben. Das Rheintal ist wolkenverhangen, wie das Protokoll vermerkt.[65] Dauerregen klatscht gegen die Fenster, während die Ministerpräsidenten und ihre Berater über den Auftrag der Alliierten diskutieren. Mit Unbehagen erinnern sich die Deutschen an die steife Atmosphäre im Frankfurter IG-Farben-Gebäude, dem Hauptquartier der amerikanischen Streitkräfte, als am 1. Juli die drei Militärgouverneure – wie immer in Uniform – den Ministerpräsidenten die sogenannten Frankfurter Dokumente übergeben haben. Nacheinander trugen der Amerikaner Lucius D. Clay, der Brite Sir Brian Robertson und der Franzose Pierre Koenig den Deutschen jeweils ein Schriftstück in ihrer Sprache vor.[66]

Laut dem ersten Dokument sollen die Ministerpräsidenten für die drei Westzonen eine »Verfassungsgebende Versammlung« einberufen, die spätestens am 1. September zusammentritt und eine demokratische Konstitution »föderalistischen Typs« ausarbeitet. Im zweiten Dokument geht es um die Grenzen der Bundesländer. Die Alliierten hatten sie nach Kriegsende in ihren Zonen nach rein organisatorischen Kriterien gezogen. Das heutige Baden-Württemberg etwa war damals in drei Länder aufgeteilt: Württemberg-Baden im Norden gehörte zur amerikanischen Besatzungszone, Württemberg-Hohenzollern und Baden im Süden zu den Franzosen. Die Ministerpräsidenten dürfen die Grenzen jetzt überprüfen und begründete Änderungsvorschläge unterbreiten.

Besonders Dokument Nummer drei sorgte für Frust. Der französische General Pierre Koenig trug in scharfem Ton die Grundsätze für das Besatzungsstatut vor.[67] Die Alliierten werden demnach weiterhin die Außen- und Handelspolitik sowie die Industriepolitik des besiegten Landes kontrollieren. Eine bestürzende Nachricht für die nach Souveränität strebenden deutschen Politiker. Der Versailler Vertrag von 1919 sei »dagegen ein Rosenstrauß« gewesen, kommentiert Konrad Adenauer.[68]

Was die Deutschen nicht wissen: Der Formulierung der Frankfurter Dokumente gemäß den Beschlüssen der

Londoner Außenministerkonferenz ging eine lange Verweigerungspolitik der Franzosen voraus.[69] Erst nachdem Amerikaner und Briten in London gedroht hatten, notfalls allein die westdeutsche Konstituierung voranzutreiben, lenkte Paris ein. Frankreich hätte sich sonst selbst die Möglichkeit genommen, die künftige Politik Westdeutschland mitzugestalten. Die Furcht, von einem wirtschaftlich erstarkenden Deutschland erneut angegriffen zu werden, saß jedoch noch immer tief. Die Zustimmung durch die französische Nationalversammlung war daher Mitte Juni mit 297 zu 289 Stimmen denkbar knapp ausgefallen und an Bedingungen geknüpft. Dem französischen Sicherheitsbedürfnis müsse Rechnung getragen und »jede Möglichkeit der Wiedererrichtung eines autoritären und zentralistischen Deutschlands beseitigt werden«, fasst der Historiker Michael Feldkamp zusammen.[70]

Es wirkt wie eine Ironie der Geschichte, dass die Besiegten vor der Gründung eines eigenen Staates ebenso zurückschrecken wie die französischen Sieger. Allerdings aus anderen Gründen. Vor allem Carlo Schmid, stellvertretender Staatspräsident und Justizminister von Württemberg-Hohenzollern, warnt wortstark vor der Konstituierung eines Weststaates. Der Akt würde zwangsläufig zur Bildung eines Oststaates führen. Die Spaltung Deutschlands, die der Osten ja bereits selbst vorangetrieben hat, wäre zementiert. Zudem lehnt es der Völkerrechtler entschieden ab, eine demokratische Verfassung für ein weiterhin unfreies, von den Alliierten kontrolliertes Land auszuarbeiten. Carlo Schmid gibt daher ganz im Sinne seiner Parteifreundin Louise Schroeder die Parole vom Provisorium aus.[71] Für das zu schaffende »Gebilde« könne es allenfalls einen

»Zweckverband administrativer Qualität« geben.[72] Es soll so lange bestehen, bis das gesamte Volk die Möglichkeit hat, »gemeinsam den Staat aller Deutschen zu errichten«.[73]

Carlo Schmid war spät in die Politik gekommen. Während Parteifreunde wie Louise Schroeder und Ernst Reuter oder der ehemalige Zentrumspolitiker Konrad Adenauer schon in der Weimarer Republik politisch aktiv waren und wegen ihrer Parteizugehörigkeit von den Nazis verfolgt wurden, hatte er die Ochsentour gemieden. Der ehemalige Landgerichtsrat aus Tübingen war mit mächtigem Leib und humanistisch gebildeter Seele Künstler und Rechtsphilosoph. Als Privatdozent für Völkerrecht liebte er den Diskurs mit seinen Studenten ebenso wie die Zusammenarbeit mit Schauspielern und Intellektuellen. Der Sohn eines Deutschen und einer Französin sprach perfekt Französisch und Italienisch, übersetzte Charles Baudelaires »Les Fleurs du Mal« und Dantes »Divina commedia« ins Deutsche. Er veranstaltete Literatur-Abende, schrieb Gedichte und verfasste ein »Römisches Tagebuch«, in dem er früh seine Verachtung für den Faschismus zum Ausdruck brachte.

Seinen Studenten erklärte er die Vorzüge des Völkerbundes zur Verhinderung eines zweiten Weltkriegs noch, als Hitler mit dem Deutschen Reich längst aus der internationalen Organisation ausgetreten war. Die Historikerin Petra Weber weist darauf hin, dass er wegen seiner offenen Ablehnung der Nazis bereits 1933 in der Personalakte am Tübinger Landgericht einen Beförderungssperrvermerk kassiert hatte.[74]

Als Gegner des Regimes musste der beliebte Dozent, der seine Vorlesungen morgens zwischen sieben und acht Uhr in vollbesetzten Hörsälen hielt, auf die erhoffte Berufung als Professor verzichten. Dank einflussreicher Fürsprecher blieb der Familienvater immerhin bei Gericht im Amt. Bald wurde er jedoch als Kriegsverwaltungsrat ins besetzte nordfranzösische Lille versetzt.

In der von der Wehrmacht ausgeplünderten Stadt bewies der Antibürokrat, wie nah Verwaltung und Kreativität beieinanderliegen können. Manche Aktion hätte ihn den Kopf kosten können. Er organisierte einen illegalen Schmuggel mit Milchkühen aus dem nahe gelegenen Belgien, um unterernährte französische Kinder vor dem Verhungern zu retten. Er verschaffte Gegnern der deutschen Besatzer Ausreisepapiere in den unbesetzten Süden des Landes. Er manipulierte Exekutionslisten, um das Leben von zum Tode verurteilten Widerstandskämpfern zu retten.[75]

Carlo Schmid war also nie ein Mitläufer des Regimes. Dennoch beantwortete er die Frage, wie die Macht in die Hände von Unmenschen kommen konnte, schonungslos gegenüber sich selbst: »Ich und meinesgleichen sind schuld, weil wir uns zu gut waren, uns so tief zu bücken, wie die Erde unter dem Sternenhimmel liegt«, schreibt er in seinen Memoiren. »Jene Erde, in die man die Fundamente für Freiheit, Frieden, Gerechtigkeit legen muss; jene Erde, auf der auch das Unkraut wächst, das dem Guten wehrt.«[76]

Wie gerne hätte der Bonvivant nach dem Ende des Krieges das Leben als Künstler und Professor genossen, zu dem ihn die juristische Fakultät der Universität Tübingen 1946 mit Erlaubnis der Besatzer endlich ernannt hatte. Wenn er nicht wieder schuldig werden wollte, entschied Schmid jedoch, musste er sein »Leben ändern und in die Politik gehen«.[77] Im Januar 1946 trat er der neu gegründeten SPD im französisch besetzten Württemberg-Hohenzollern bei und brachte es schnell an die Spitze des Landes. In kürzester Zeit baute er als provisorischer Regierungschef noch vor den ersten Landtagswahlen 1947 eine funktionierende Verwaltung auf, trieb zur Zufriedenheit der französischen Besatzer die Entnazifizierung voran und pflegte den Kontakt zu den unteren Verwaltungsebenen. Er führte etwa monatliche Vor-Ort-Konferenzen ein, in denen der politische Pädagoge den Landräten Nachhilfe in Demokratie und Staatsbürgerkunde erteilte. Professor blieb er trotzdem.

Auf die Koblenzer Konferenz gut eine Woche nach der Übergabe der Frankfurter Dokumente bereitete sich der Völkerrechtler gut vor. Er präsentiert als Einziger ein Konzept, schwört nach dem Appell von Louise Schroeder die Ministerpräsidenten mit Leichtigkeit auf seine Linie ein und formuliert die Antwortnote an die Alliierten.[78] Sie enthält in freundlichen Worten drei Absagen: Die Ministerpräsidenten wollen nicht die Verantwortung für die Teilung Deutschlands übernehmen. Sie lehnen es daher ab, einen westdeutschen Separatstaat zu gründen. Stattdessen soll das zu schaffende Gebilde nur ein »Zweckverband administrativer Qualität« sein. Sie sind zweitens erst dann zur Ausarbeitung einer Verfassung bereit, nachdem die Alliierten das Besatzungsstatut vorgelegt und den Deutschen ihre Souveränität zurückgegeben hätten. Sie lehnen drittens die geforderte Einberufung einer Nationalversammlung zur Ausarbeitung einer Konstitution und die anschließende Volksabstimmung darüber ab. Der Grund: Da sich die Deutschen weiterhin als Nation verstehen, könne es eine Nationalversammlung auch nur gemeinsam mit den Landsleuten in der sowjetischen Besatzungszone geben.

Der Volksentscheid würde dem Provisorium zudem »ein Gewicht verleihen, das nur einer endgültigen Verfassung zukommt«.[79] Stattdessen sollten die Landtage ein Gremium wählen, das ein vorläufiges Grundgesetz ausarbeiten würde.

Grundgesetz. Auf einmal ist das Wort in der Welt. Der Erste Hamburger Bürgermeister Max Brauer (SPD) hat es in die Diskussion gebracht.[80] Sofort ist der Begriff etabliert und geht allen leicht über die Lippen.

Carlo Schmid und die Ministerpräsidenten sind zufrieden mit den Koblenzer Beschlüssen und ihrer »schöpferischen Mitarbeit« an den gestellten Aufgaben. Ihr Vorschlag müsste den Alliierten ohne Weiteres einleuchten.

Von wegen. Lucius D. Clay ist »not amused«. Der hagere amerikanische Militärgouverneur steht unter Hochspannung, um die Luftbrücke logistisch in den Griff zu bekommen. Der »airlift« hat eine Kettenreaktion an Problemen ausgelöst. Clay braucht größere Transportflugzeuge, die aus aller Welt nach Deutschland abgezogen werden. Durch den Dauereinsatz der Flieger sind die Ersatzteillager leer. Also muss der US-Transportdienst pausenlos Motoren und Propeller, Reifen und Scheibenwischer ranschaffen. Außerdem fehlen Piloten und geschultes Bodenpersonal, um all die Maschinen sicher landen und starten zu lassen.[81] Der Fünf-Sterne-General wirft sein ganzes Gewicht in die Waagschale, um Berlin und damit auch Westdeutschland vor der sowjetischen Bedrohung zu retten. Zum Dank fallen ihm jetzt diese zaudernden Deutschen in den Rücken.

Als die Ministerpräsidenten der amerikanischen Zone kurz nach Übermittlung der Antwortnote zu einer Besprechung mit Clay zusammentreffen, bekommen sie eine Wutrede zu hören. »Sie haben eine goldene Chance verpasst«, staucht Clay die Runde zusammen.[82] Die Koblenzer Beschlüsse seien eine »katastrophale Missachtung des Ernstes der gesamteuropäischen Lage«. Wochenlang habe er auf der Londoner Außenministerkonferenz mit den Franzosen um die Anerkennung der deutschen Souveränität im Rahmen eines Weststaates gekämpft. Nun sei dieser Weg verbaut. Damit hätten die Deutschen »ihre wirklichen Helfer und Freunde brüskiert«. Allein den Amerikanern sei es zu verdanken, dass Berlin und die Westzonen »noch nicht russisch« seien. Anstatt das Angebot zur Staatsgründung zu nutzen und damit ihrer wichtigen Rolle in der gesamteuropäischen Lage gerecht zu werden, würden die Deutschen den Franzosen zuspielen. Die warteten schließlich nur darauf, die mühsam ausgehandelten Optionen für Westdeutschland zu verschleppen.

Tatsächlich ist der französische General Koenig sehr zufrieden mit den Koblenzer Beschlüssen. In inoffiziellen Gesprächen hatte er sogar zuvor deutsche Politiker wie Carlo Schmid ermuntert, die Londoner Empfehlungen nicht als letztes Wort zu betrachten.[83] Das Doppelspiel hat funktioniert. Jetzt kann er den Deutschen mangelnde Verantwortungsbereitschaft vorwerfen und erneute Konsultationen auf internationaler Regierungsebene vorschlagen. So ließe sich Zeit gewinnen.

Da hat er jedoch die Entschlossenheit der Amerikaner unterschätzt. Lieber würden sie die Pläne für eine westdeutsche Regierung sausen lassen und sich aus Europa zurückziehen, als erneut auf einer Außenministerkonferenz das deutsche Schicksal zu verhandeln.

Darauf will es der französische General lieber nicht ankommen lassen. Nach einem Treffen mit Clay und dem britischen Militärgouverneur Brian Robertson am 19. Juli[84] in Berlin sieht er ein: Die Freiheit des Westens wird an der Spree und in Westdeutschland entschieden. Der Anblick der im Minutentakt landenden Rosinenbomber auf dem Tempelhofer Feld dürfte den Franzosen in seiner Entscheidung beflügelt haben.

Seit einer Woche sitzt auch Gail S. Halvorsen in einem der Cockpits. Der 27-Jährige aus dem westamerikanischen Bundesstaat Utah ist einer der vielen Piloten der Air Force, die für die Luftbrücke nach Deutschland abkommandiert worden sind. Er ist sogar freiwillig für einen befreundeten Piloten eingesprungen, der gerade Vater von Zwillingen geworden war. Am 12. Juli 1948 bringt Halvorsen in seiner viermotorigen Skymaster zum ersten Mal 138 Säcke Mehl vom Frankfurter Rhein-Main-Flughafen nach Berlin-Tempelhof. Das Wetter ist zum Glück gut. Er kann in 2.000 Meter Höhe die Maschine sehen, die ihm drei Minuten vorausfliegt und weitere andere in der Ferne. »Zum ersten Mal wurde uns das ganze Ausmaß dieser Operation bewusst«, schreibt er in seinen Erinnerungen. »Die silbernen, in der Sonne glänzenden Rümpfe der großen Skymaster waren wie Perlen auf einer Schnur vor tief blauem Hintergrund aufgereiht.«[85]

Rund 15 Stunden am Tag pendelt Halvorsen, den seine Kollegen nur »Hal« nennen, zwischen Frankfurt und der Sektorenstadt hin und her. Den Flugmarathon zur Versorgung der hungernden Berliner ertragen die Piloten ebenso klaglos wie die Unterbringung in schlammigen Zeltlagern und Teerpappenbaracken in unmittelbarer Nähe der Start-

und Landebahnen. Tag und Nacht hören sie das Dröhnen der Motoren.

Hal Halvorsen ist ein gläubiger Mormone, einer, zu dessen Handlungsmaximen unbedingte Hilfsbereitschaft zählt. Mehr noch. Der Amerikaner ist neugierig auf diese Deutschen, die bis vor Kurzem seine Feinde waren und sechs Millionen Menschen in den Konzentrationslagern getötet haben. Was aus ihrer berühmten Hauptstadt geworden ist, sieht er beim ersten Anflug auf Tempelhof. »Der Blick nach unten verschlug uns den Atem. Durch nichts, was ich gelesen, gehört oder gesehen hatte, war ich auf dieses trostlose Bild der Zerstörung vorbereitet. Die Trümmerwüste erstreckte sich von einem Ende der Stadt bis zum anderen. Vom Anhalterbahnhof standen nur noch einige nackte Mauern.«[86] Wo um alles in der Welt sollten dort unten über zwei Millionen Menschen leben?

Hal bleibt nur wenig Zeit für seine Überlegungen. Sekunden später liegt die kurze Landebahn vor ihm, an der als Erkennungsmarke ein vierstöckiges Wohnhaus steht. »Denk dran, es ist keine betonierte Landebahn, und Hitler hat sie nicht lang genug für unseren Brummer gebaut«, ermahnt ihn sein Co-Pilot, der die Strecke schon öfter geflogen ist. Er müsse direkt hinter dem Haus mit dem Grasstreifen und dem Zaun davor aufsetzen, »sonst schießen wir über die Landebahn hinaus«.[87]

Als die Räder der Maschine sicher den Boden berühren, bemerkt Hal eine Gruppe von Kindern, die hinter dem Zaun stehen und winken.

Der Pilot vermutet wie so viele in diesen Wochen, dass die Luftbrücke nur von kurzer Dauer ist. Der Aufwand ist einfach zu groß. Spätestens zum Winter würde die Versorgung mit Kohle für über zwei Millionen Menschen zusammenbrechen.

Auf die kalte Jahreszeit setzt wohl auch Stalin. Am Winter sind schon viele gescheitert, die napoleonischen Truppen ebenso wie die deutschen. Früher oder später würden seine einstigen Verbündeten aufgeben und Westberlin verlassen. Er wäre am Ziel. Halvorsen rechnet daher jederzeit mit dem Befehl, in die USA zurückzukehren.[88]

Vorher will der hochgewachsene junge Mann mit dem schütteren Haar jedoch einige Erinnerungsbilder vom Berliner Einsatzort schießen. Der Hobbyfilmer hat sich vorgenommen, die über Tempelhof einfliegenden Maschinen der Luftbrücke mit seiner Kamera vom Boden aus zu dokumentieren. Der Platz am Stacheldrahtzaun vor dem Gebäude direkt an der Landebahn müsste ideal sein. Danach soll ihn ein Jeep ins Zentrum bringen, wo er ein Foto von sich vor dem zerstörten Führerbunker machen will. Um die nötigen freien Stunden für die Stippvisite aus dem eng getakteten Flugplan zu pressen, verzichtet er auf Schlaf und fliegt eine extra Tour.

An einem sonnigen Berliner Tag Mitte Juli ist es so weit. Der junge Pilot geht den Stacheldrahtzaun entlang bis zum Haus an der Landebahn. Erstmals sieht er vom Boden aus, wie seine Kollegen mit ihren Maschinen über das Dach hinwegdonnern. Auf der Grasfläche davor stehen etwa dreißig Kinder und beobachten das Spektakel. Einige führen Listen, auf denen sie die ankommenden Flieger und die genaue Uhrzeit der Landung dokumentieren. »Kaum hatte ich mit meiner Revere-Kamera ein paar Filmmeter mit den Flugzeugen aufgenommen, die direkt aus den Schornsteinschloten aufzutauchen schienen, als einige der Kinder ganz nah herankamen.«[89] Sie beobachten den Mann in der amerikanischen Uniform neugierig. Zwischen Hal und vier Älteren, die die Gruppe wegen ihrer Englischkenntnisse kurzerhand zu Übersetzern ernennt, beginnt ein Frage-Antwort-Dialog. Sie wollen wissen, wie viele Säcke Mehl in so einen Flugzeugrumpf passen und wie viele Brote sie daraus backen können. Ob die Piloten auch frische Milch für die Babys geladen hätten und was sonst noch an Bord sei.

Wortführerin ist ein etwa zwölfjähriges Mädchen in abgewetzter Hose und zu großen Schuhen. Es erzählt dem Piloten von der furchtbaren Schlacht um Berlin und dem Endkampf. Sie seien erst wieder aus den Kellern gekommen, als nach der Eroberung durch die Sowjets auch Amerikaner, Briten und Franzosen in der Stadt waren. Sie wüssten jetzt, was Freiheit bedeutet.

Halvorsen ist überrascht von der Reife und der Zurückhaltung der Kinder. Keines von ihnen bettelt den Amerikaner um Schokolade oder Kaugummi an, obwohl sie vermutlich seit Jahren keine Süßigkeiten mehr gehabt haben. Es berührt ihn, dass sich die Kinder stattdessen Sorgen ums Wetter machen. Das sei in Berlin nicht immer so gut, betont das Mädchen mit der abgewetzten Hose und den zu großen Schuhen. Hoffentlich sei die Blockade bis zum Herbst beendet. »Sonst wird es schwierig für Eure Flugzeuge. Ab Anfang Winter können sie uns vielleicht gar nichts mehr bringen.«[90]

Hal muss weiter und verabschiedet sich. Innerlich ist er jedoch hin- und hergerissen. Er kann sich kaum lösen von den Kindern, vielleicht spürt er ihre Blicke im Rücken? Nach ein paar Schritten hält er inne. Er fühlt zwei Kaugummistreifen in der Hosentasche. Was soll er mit zwei Kaugummistreifen für dreißig Kinder anfangen, fragt er sich und schaut sich noch einmal um. Die Gruppe steht tatsächlich wie angewurzelt da und sieht ihm nach. In dem Moment trifft er eine Entscheidung. Er geht zurück, teilt die beiden Kaugummistreifen in vier Teile und reicht sie der jungen Übersetzerin und ihren drei Helfern durch den Zaun. Die Reaktion ist verblüffend: »Es gab keinen Streit. Kein Kind versuchte, die Beute dieser vier an sich zu reißen, die jetzt vorsichtig das Papier entfernten. Die Gefahr, dass auch nur ein winziges Stückchen Kaugummi zu Boden fiel, war zu groß«, erinnert sich Halvorsen. »Die Stille wurde nur durch ein anschwellendes Gemurmel unterbrochen. Die anderen wollten wenigstens einen Anteil des Einwickelpapiers. Streifen wurden abgerissen und herumgereicht. Die Augen der Kinder wurden immer größer, als sie an dem Papier rochen. Nach einem kurzen Augenblick steckten sie das Fetzchen Papier in ihre Hemd- oder Hosentaschen, als wäre es ein Fünfzig-Dollar-Schein.«[91] Das müsste als Beleg für ihre unglaubliche Geschichte reichen, die sie zu Hause erzählen würden.

Im nächsten Moment donnert eine C-54 über ihre Köpfe hinweg. Dabei kommt dem Piloten eine Idee. Hal werde, verspricht er den Kindern, am nächsten Tag bei der Landung Schokolade für sie abwerfen. Sie müssten ihm allerdings versprechen, den Inhalt der Päckchen mit der ganzen Gruppe zu teilen. Nachdem das Mädchen mit der abgewetzten Hose und den zu großen Schuhen das fantastische Angebot übersetzt hat, bricht Jubel aus. Die »Jawohl«-Rufe verstummen jedoch sogleich wieder. Der Plan klingt zu schön, um wahr zu werden. An Wunder glauben im Nachkriegsberlin nicht mal mehr die Kinder. Das Mädchen muss eine Frage übersetzen: »Sie wollen wissen, welches dein Flugzeug ist. So ein kleines Paket könnte leicht verloren gehen.« Hal sieht das Mädchen nachdenklich an. Dann fällt ihm ein, wie er daheim in Utah immer gegrüßt hat, wenn er über sein Elternhaus flog. Er werde beim Anflug mit den Flügeln wackeln, antwortet er und wedelt zur besseren Verständigung mit ausgestreckten Armen hin und her.

Bereits am nächsten Mittag ist es so weit. Die Crew hat Schokoladenrationen gespendet. Damit die Tafeln nicht wie Steine zu Boden und womöglich den Kindern auf den Kopf fallen, hat Hal aus Taschentüchern mit vier 35 Zentimeter langen Bindfäden kleine Fallschirme gebastelt, an denen die Päckchen verknotet sind.

Als er zur Landung in Tempelhof ansetzt, hält er mit seinem Copiloten Ausschau nach den Kindern. Da stehen sie tatsächlich auf der Grasfläche vor dem vierstöckigen Wohnhaus. Vollzählig angetreten recken sie suchend ihre Köpfe in den Himmel, bis Hal wie verabredet mit den Flügeln wackelt. Augenblicklich bricht unten auf der Wiese Jubel aus. »Alle winkten, hüpften, liefen im Kreis und schickten, da bin ich mir sicher, ein paar Stoßgebete zum Himmel.«[92] Sekunden später segeln die kleinen Fallschirme mit der süßen Fracht zu Boden. Wo sie wohl aufschlagen? Hoffentlich nicht auf dem Dach des Hauses oder gar auf der Landebahn. Halvorsen und sein Copilot haben ein banges Gefühl, auch weil sie soeben ohne Erlaubnis ihres Vorgesetzten Süßigkeiten über der Hauptstadt des Feindeslandes abgeworfen haben. Was würde das für Konsequenzen haben?

Der amerikanische Pilot Gail Halvorsen ist der Star der Berliner Kinder.

Nachdem der Flieger in Windeseile entladen ist und Hal ihn zum Rückflug nach Frankfurt auf die Startbahn rollt, kommt er an der Abwurfstelle vorbei. Was die Piloten sehen, vertreibt alle Skrupel: »Durch den Zaun streckten sich uns drei Minifallschirme an drei Armen entgegen, die drei aufgeregt hüpfenden Kindern gehörten.« Hinter den Fallschirmschwenkern hatte sich der Rest des Begrüßungskomitees versammelt, »alle mit beiden Armen winkend und fröhlich die ergatterte Beute kauend«.[93] Die Kinder recken die Fallschirme jeder der unablässig vorbeirollenden Maschinen entgegen. Als Hal das Cockpit-Fenster öffnet und zurückwinkt, wissen sie, in welchem Flieger ihr Freund sitzt.

Die Aktion spricht sich unter den amerikanischen Piloten schnell herum, das Spendenaufkommen für den

»Candy-Bomber« steigt. Immer mehr Fallschirme schweben mit Schokolade und Kaugummi zu Boden. Immer mehr Kinder warten sehnsüchtig am Tempelhofer Zaun auf den Flieger mit den wackelnden Flügeln. Irgendwann bekommt ein Journalist Wind von der Aktion und schreibt einen Artikel über den süßen Regen am Rande des Flugfeldes. Daraufhin treffen bergeweise Dankesbriefe an »Onkel Wackelflügel« und den »Schokoladeflieger« in der Flugleitstelle ein. Jetzt wissen auch Hals Vorgesetzte Bescheid.

Anstatt der befürchteten Strafe erwartet den »Candy-Bomber« jedoch Schulterklopfen. Die amerikanische Generalität wertet die Aktion als perfekten PR-Coup für die Luftbrücke und beruft eine internationale Pressekonferenz mit Halvorsen ein. Der junge Pilot aus Utah soll weitermachen mit »Little Vittles«, der Aktion »Kleiner Proviant«. Zwei deutsche Sekretärinnen kümmern sich ab sofort um die Beantwortung der vielen Dankesbriefe. Bald treffen aus allen Teilen der Vereinigten Staaten Taschentücher und Bindfäden für die Mini-Fallschirme ein.[94]

In Westdeutschland ist derweil kein Happy End zwischen Besatzern und westdeutschen Ministerpräsidenten in Sicht. Das Ringen um die künftige deutsche Verfassung geht weiter. Das Veto gegen die Rittersturz-Beschlüsse bekommen die Deutschen am 20. Juli in einem offiziellen Akt mitgeteilt. Same procedure. Die Militärgouverneure der drei Besatzungszonen haben die Ministerpräsidenten erneut nach Frankfurt einbestellt. Amerikaner und Briten unterstreichen die Verbindlichkeit der Frankfurter Dokumente, die schließlich auf den Anweisungen der Londoner Außenministerkonferenz basieren. Jede Abweichung müsste erneut von ihren Regierungen beraten und genehmigt werden. Der französische General Koenig stößt jetzt ins gleiche Horn. Er und seine Kollegen »erachten es als unmöglich, von den Londoner Empfehlungen abzuweichen, ohne das ganze Abkommen zu gefährden«, heißt es im Protokoll des Frankfurter Treffens.[95] Die Generäle lehnen daher die Ausarbeitung eines Grundgesetzes ab und beharren auf einer echten Verfassung. Das abschließende Referendum zur Ratifizierung der Konstitution bleibt für sie ebenfalls unverzichtbar. Zudem sei nicht mit einem Besatzungsstatut vor Fertigstellung der Verfassung zu rechnen. Die Alliierten sehen es vielmehr als »work in progress«, das sie parallel zur Verfassungsarbeit formulieren. Stellungnahmen der Deutschen sollen kontinuierlich darin einfließen.[96]

Den Ministerpräsidenten dämmert, dass mehr Flexibilität gefordert ist. Am 21. Juli gehen sie erneut in Klausur, um zwei Tage lang über einen Ausweg aus der Krise zu beraten. Die Konferenz findet dieses Mal im Jagdschloss Niederwald bei Rüdesheim statt. In Sichtweite hält die Germania mit wallendem Haar heroisch ihr lorbeerumkränztes Schwert in der Hand. Kaiser Wilhelm I. hat sie zur Erinnerung an die Gründung des Deutschen Reiches 1871 und zum Ruhm der endlich geeinten Nation auf den monumentalen Sockel über dem deutschen Schicksalsfluss gehoben.

Seither ist viel Wasser den Rhein hinabgeflossen und viel Blut. Manch einem der Ministerpräsidenten mag drei Jahre nach Kriegsende der in Stein gehauene Patriotismus wie Hohn vorkommen. Wenn sie doch nur die Geschichte zurückdrehen könnten. Wie viel Leid wäre der Welt und den Deutschen erspart geblieben. Es hilft jedoch nichts. Unter dem Eindruck von Clays nervöser Reaktion und dem dramatischen Kampf um Berlin werden die Ministerpräsidenten der Gründung eines westdeutschen Separatstaates zustimmen. Auch wenn Germania Tränen vergießt.

Der Impuls für den Sinneswandel kommt abermals aus Berlin. Ernst Reuter, der gewählte, aber von den Sowjets abgelehnte Berliner Oberbürgermeister, vertritt eine gänzlich andere Meinung als Louise Schroeder. Er nimmt daher dieses Mal selbst als Berliner Vertreter an den Gesprächen mit den westdeutschen Ministerpräsidenten teil. Der Sozialdemokrat mit dem guten Draht zu General Clay bringt eine neue Einschätzung der Lage mit an den Rhein. In der alten Hauptstadt ist längst die Hoffnung auf ein Leben in Einheit und Freiheit verschwunden. Die Westberliner sind entschlossen, den Sowjets die Stirn zu bieten. Sie lehnen sogar das Alibiangebot der sowjetischen Militäradministration ab, sich im Ostsektor mit Lebensmitteln und Kohle zu versorgen. Weniger als drei Prozent der Westberliner machen von der verlockenden Möglichkeit Gebrauch.[97] In einer Zeit, als »Mütter fürchten mussten, dass die Säuglinge nachts in ihren Windeln erfroren, als das Hauptnahrungsmittel getrocknete Kartoffelschnitzel bildete, als frische Milch so gut wie vollständig fehlte«, beschreibt Ferdinand Friedensburg, stellvertretender Oberbürgermeister, in seinen Memoiren den Durchhaltewillen der Bevölkerung.[98]

Die kämpft ihren Kampf auch für die Westdeutschen. Den Zusammenhang macht Ernst Reuter den Ministerpräsidenten auf der Niederwald-Konferenz mit einer flammenden Rede klar. Es gehe für alle darum, den Machtanspruch der sowjetischen Besatzungsmacht »zurückzuschrauben«.[99] Für die Berliner sei es daher unerträglich, wenn Westdeutschland weiterhin »in seinem bisherigen politisch unentschiedenen Status« verbliebe.[100] Stattdessen müsse es eine politische und ökonomische Konsolidierung geben. Sie sei »die wichtigste Waffe, um den Osten der Herrschaft der sowjetischen Besatzung eines Tages wieder entreißen zu können, und die elementare Voraussetzung für die Rückkehr zum gemeinsamen Mutterland«.[101] Ernst Reuter folgt damit der vom SPD-Vorsitzenden Kurt Schumacher entwickelten Magnettheorie. Demnach würde ein wirtschaftlich erstarkender Westen die Menschen aus dem Osten magnetisch anziehen und zur Einheit führen.[102]

Das sind, nur elf Tage nach dem Treffen auf dem Rittersturz, ganz neue Töne. Erleichterung macht sich unter den Ministerpräsidenten breit. Manche, wie die Bürgermeister der norddeutschen Stadtstaaten Max Brauer und Wilhelm Kaisen, hätten bereits auf dem Rittersturz für die Bildung eines westdeutschen Separatstaates votiert. Sie hielten sich jedoch nach den Worten von Louise Schroeder zurück. Da die amtierende Oberbürgermeisterin jedoch offensichtlich eine Minderheitsposition in Berlin vertrat, müssen die Westdeutschen jetzt nicht mehr den Vorwurf des Verrats und der mangelnden Solidarität fürchten.[103] Zumal sie weiterhin den vorläufigen Charakter des neuen Staates unterstreichen wollen. Es soll jedoch ein richtiger ›Staat‹ werden und kein ›Verwaltungsgebiet‹. Darin sind sich jetzt alle einig.

Alle – bis auf Carlo Schmid. Er unternimmt einen letzten Versuch, die Ministerpräsidenten umzustimmen. Vergebens. Der Justizminister aus Württemberg-Hohenzollern ist plötzlich isoliert. Verletzt geht er den anderen im Niederwald-Schloss aus dem Weg, liest Zeitung und tut so, als ob ihn das alles nichts mehr angeht.[104] Das hat er nun vom tiefen Bücken. Warum ist er nur in die Politik gegangen?

Der Frust währt jedoch nur kurz. Zu groß ist die Verlockung für den Humanisten und Rechtsphilosophen, beim Aufbau eines freiheitlichen Rechtsstaates mitzuwirken. Seine juristische Kompetenz ist schließlich parteiübergreifend gefragt. Für den Sozialdemokraten wird die inzwischen in Württemberg-Hohenzollern regierende CDU sogar einen Platz im Parlamentarischen Rat zur Ausarbeitung des Grundgesetzes freimachen.[105]

Zunächst aber muss »der Gaul über die Hürde gebracht werden«,[106] wie Ernst Reuter auf der Niederwald-Konferenz erklärt. Die Ministerpräsidenten brauchen für ihre Wünsche die Zustimmung der Alliierten. Die »Verfassungsgebende Versammlung« soll unbedingt »Parlamentarischer Rat« heißen, dessen Abgeordnete in den Landtagen bestimmt werden. Es gilt, den vorläufigen Charakter der Konstitution herauszustellen und damit den Willen zur Einheit zu demonstrieren. Deshalb ist den Ministerpräsidenten auch das Wort »Grundgesetz« so wichtig, das sich bei den Debatten längst eingebürgert hat. Sicherheitshalber übersetzen sie es für die Generäle mit »basic constitutional law«[107] und »loi constitutionelle basique«. Bloß keine Zweifel am ernsthaften Willen der Deutschen zu einer echten Verfassung aufkommen lassen.

Die Ratifizierung des Grundgesetzes durch eine Volksabstimmung lehnen die Ministerpräsidenten jedoch weiterhin ab. Zu groß ist die aus den Weimarer Erfahrungen erwachsene Sorge, rechtsradikale und kommunistische

Agitation könnte am Ende zu einer Ablehnung führen und das Projekt völlig aus dem Ruder laufen lassen. Was werden die Militärgouverneure zu den erneut abweichenden deutschen Vorschlägen sagen?

Am 26. Juli 1948 um 15 Uhr beginnt im ehemaligen Büro Eisenhowers des Frankfurter IG-Farben-Hauses eine dramatische Sitzung.[108] General Clay leidet an einem Hexenschuss, weshalb seine Geduld an diesem Nachmittag auf eine besonders harte Probe gestellt wird. Den Vorsitz führt der französische General Koenig. Ausgerechnet. Die Ministerpräsidenten haben sich in ihrer Gesprächstaktik fürs Pokern entschieden. Sie weichen von der Reihenfolge der strittigen Themen ab und eröffnen mit dem Referendum über die Verfassung, das die Alliierten zur demokratischen Legitimierung wünschen. Der nordrhein-westfälische Regierungschef Karl Arnold übernimmt die Argumentation. Er warnt die Generäle vor einem kommunistisch gesteuerten »Abstimmungskampf gegen die Besatzungsmächte«.[109] Stattdessen schlägt er vor, die Verfassung von den Landtagen ratifizieren zu lassen. In seiner Rede lässt er mehrmals beiläufig die Begriffe »Grundgesetz« und »Parlamentarischer Rat« fallen, als seien die längst vereinbart.

Nach 45 Minuten unterbricht General Koenig die Sitzung, um sich mit seinen Kollegen zu Beratungen zurückzuziehen. Als sie um 16.30 Uhr zurückkehren, verkündet der Vorsitzende das befürchtete Ende des Treffens.[110] Der Grund: Die deutschen Vorschläge würden von den Beschlüssen der Londoner Sechsmächtekonferenz abweichen, die Amerikaner, Briten und Franzosen zusammen mit den drei Beneluxstaaten im Frühjahr 1948 getroffen hatten. Daher seien die Militärgouverneure zur Rücksprache mit ihren Regierungen gezwungen. »Meine Herren Ministerpräsidenten«, schließt der Franzose lapidar, »ich danke Ihnen.«[111]

Die Deutschen müssen sehr konsterniert ausgesehen haben. Das Protokoll vermerkt »Schweigen auf beiden Seiten« und dann »eine flüsternde Beratung der drei Generale«.[112] Daraufhin setzt Koenig erneut an: »Ich möchte Sie fragen, ob Sie etwas hinzuzufügen haben?«[113] Die Ministerpräsidenten antworten mit einer Gegenfrage: Welches denn die konkreten Punkte seien, die von den Londoner Beschlüssen abwichen? Vor allem der Begriff Grundgesetz und die Ablehnung des Referendums seien ein Problem, antwortet Koenig.

Der Showdown geht weiter, unterbrochen von mehreren Pausen und hektischen Flüsterberatungen. Zu fortgesetzter Stunde bekräftigen die Deutschen ihren Wunsch, noch an diesem Tag eine Entscheidung herbeizuführen. Man wolle die Arbeit am Grundgesetz sofort aufnehmen.[114] Das mag die Generäle zum Einlenken bewegen. Schließlich haben sie es eilig. Sie müssen dem sowjetischen Blockadedruck in Berlin schnell etwas entgegensetzen. Zudem brauchen sie für die Marshallplan-Gelder dringend funktionierende staatliche Strukturen.

Nach drei Stunden, die besonders General Clay wegen seiner Rückenschmerzen »endlos« erscheinen, macht den Besatzern der Begriff Grundgesetz »keine Schwierigkeiten« mehr. Allerdings mit dem Zusatz »vorläufige Verfassung«. Sie zeigen zudem Verständnis für den Wunsch der Deutschen, auf eine Volksabstimmung zu verzichten und das Grundgesetz durch die Landtage ratifizieren zu lassen. Wegen Verfahrensfragen zur territorialen Neuordnung der

Länder wollen die Militärgouverneure noch wohlwollende Rücksprache mit ihren Regierungen halten. Die Ministerpräsidenten bekommen jedoch die Erlaubnis, mit den Vorbereitungen zur Wahl des Parlamentarischen Rates zu beginnen. Es klingt versöhnlich, als General Koenig zum Schluss den Vertretern des einst so verhassten Erbfeindes zuruft: »En avant!«[115] Auf geht's!

Bereits am Tag nach der befreienden Aufforderung des französischen Generals beschließen die Ministerpräsidenten den Wahlmodus, nach dem die neun westdeutschen Landtage sowie die Bürgerschaften der Stadtstaaten Bremen und Hamburg ihre Abgeordneten für den Parlamentarischen Rat bestimmen. »Einwohnerzahl geteilt durch 750.000«, lautet die Formel für die Zahl der Delegierten, die jedes Land entsenden darf. Ab einem Überschuss von mindestens 200.000 Einwohnern gibt es einen Abgeordneten zusätzlich.[116] 65 Mitglieder des Parlamentarischen Rates kommen so zusammen, 61 Männer und vier Frauen.

Mitte August stimmen die Ministerpräsidenten zudem telefonisch über den Sitzungsort des Parlamentarischen Rates ab. Nach engagiertem »Wahlkampf« der nordrhein-westfälischen Landesregierung macht mit acht zu drei Stimmen Bonn das Rennen. Die damals noch existierenden Länder Württemberg-Baden und Württemberg-Hohenzollern votieren für Karlsruhe, Niedersachsen für Celle.[117] Carlo Schmid stellt während der Diskussion verlässlich seine Fähigkeit zur Selbstironie unter Beweis. Um klarzumachen, wie ernst es den Abgeordneten mit dem provisorischen Charakter der Bundesrepublik sei, solle der Parlamentarische Rat in einer Barackenstadt an der Demarkationslinie tagen. Sein Vorschlag sorgt für Heiterkeit.[118]

In der Luft herrscht derweil Hochbetrieb. Amerikanische und britische Transportmaschinen bilden eine gigantische, niemals abreißende Lieferkette. Im August sind Tag und Nacht knapp 600 Maschinen in der Luft.[119] Um das Risiko einer Kollision zu senken, gilt mittlerweile Einbahnprinzip. Nördlicher und südlicher Luftkorridor sind für Flüge in die alte Hauptstadt reserviert, der mittlere für die Rückkehrer Richtung Westen.

Am Himmel über Berlin kommt es allerdings zum gefährlichen Gedränge. Am 12. August entgeht Hal, der Candy-Bomber, in seiner C-54 nur knapp einem Crash mit einer anderen Maschine. Dichte Wolken hängen über dem Tempelhofer Flugfeld. Wegen der schlechten Sicht hat eines der Flugzeuge zu spät auf der Landebahn aufgesetzt und ist darüber hinausgeschossen. Die im Minutentakt nachfolgenden Maschinen können nicht landen und fliegen Warteschleifen. Immer mehr Piloten geraten mit ihren Maschinen in den Stau.

Hal Halvorsen wird von der Flugsicherung angewiesen, auf 3.000 Meter zu steigen und zu kreisen, als ihm plötzlich ein Flugzeug auf gleicher Höhe entgegenkommt. »Wir blickten zwei anderen Piloten und einem Crew-Chief in die aufgerissenen Augen«, erinnert sich der Amerikaner, der seine Maschine sofort hochzieht. »Wie durch ein Wunder glitten unsere Tragflächen übereinander hinweg, ohne sich zu berühren.«[120]

Als kurz darauf die Wolkendecke aufreißt, wird das gefährliche Gewirr sichtbar. Unter und über ihnen wimmeln Flugzeuge wie Fische in einem vollen Teich.[121] An diesem 12. August gelingt es der angloamerikanischen Flotte trotz der Verzögerungen, 4.742 Tonnen Güter nach Berlin zu fliegen. Das ist erstmals mehr als die notwendige Tagesleistung.[122]

Bei schlechtem Wetter bricht das Chaos in der Luft am nächsten Tag erneut aus. General William Tunner, seit Kurzem Oberkommandierender der Luftbrücke, will sich daher selbst ein Bild machen und fliegt in einer C-54 mit nach Berlin. Kurz vor der Landung in Tempelhof geht ein Wolkenbruch über dem Airport nieder. Die Lotsen können die Flieger nicht mehr auf den Radarschirmen erkennen. Tunners Maschine muss im dichten Verkehr eine Warteschleife nach der anderen drehen. Was, wenn in dem Chaos eines der Flugzeuge außerhalb des erlaubten Luftraumes über Berlin geriete und von sowjetischen Jägern beschossen würde? Die haben schon etliche Male die Transporter in der Luft bedrängt. Nur der geringste Fehler könnte den Vorwand zu einem sowjetischen Angriff liefern. Tunner entscheidet schnell und greift im Cockpit zum Mikrofon: »Hier 5549, General Tunner. Hören Sie gut zu«, befiehlt er der Flugsicherung. »Schickt alle Flugzeuge zurück zu ihrer Basis und erteilt mir Landeerlaubnis.«[123] Der verblüffte Lotse glaubt nicht recht verstanden zu haben. Nachdem der Kommandant den Befehl wiederholt hat, löst sich das Durcheinander am Himmel langsam auf. Tunners Maschine kann sicher landen.

Wie durch ein Wunder ist niemand zu Tode gekommen. Darauf will es der Kommandant nach diesem »black friday« jedoch nicht mehr ankommen lassen. Ab sofort muss jedes Flugzeug, das nicht unmittelbar in Berlin landen kann, samt Ladung zu seiner Ausgangsbasis nach Westdeutschland zurückkehren und in Warteposition bleiben.[124] Die neue Regel verzögert zwar an manchen Tagen Hilfstransporte, sie schützt jedoch das Leben der Crews.

Wie lange würden sie den Kraftakt durchhalten können? In Moskau verhandeln seit Anfang August die Botschafter der Westmächte mit Stalin über ein Ende der Blockade. Sie bieten sogar Kompromisse in der Währungsfrage an. Der Chef im Kreml will jedoch mehr. Ihm geht es darum, die Gründung eines westdeutschen Staates zu verhindern. Die Alliierten sollen die Westdeutschen vom mühsam begonnenen Verfassungsprozess zurückpfeifen und damit die Londoner Beschlüsse aufheben. Darauf wollen sich die Amerikaner keinesfalls einlassen. Zuerst einmal sollen die Sowjets die Blockade beenden.[125] Dazu ist Stalin jedoch nicht bereit. Der Machtkampf um Berlin geht weiter.

Die Flughäfen Tempelhof im amerikanischen und Gatow im britischen Sektor sind freilich längst an die Grenzen ihrer Kapazitäten gekommen. Für die Versorgung der Berliner Bevölkerung auch im Winter braucht es so schnell wie möglich einen dritten Airport. Der entsteht unter französischer Oberhoheit in Berlin-Tegel. Anfang August haben die Arbeiten begonnen.[126] Die Zeichen stehen auf Ausbau der Luftbrücke.

2. In der Verfassungswerkstatt

Derweil schippert eine Gruppe von Staatsrechtlern mit der Fähre über den Chiemsee. Die Verfassungsexperten sollen im Auftrag der westdeutschen Ministerpräsidenten in Klausur gehen und eine Vorlage für den Parlamentarischen Rat erarbeiten. Auf Einladung der Bayern steuern sie am 10. August das Augustiner-Chorherrenstift auf der Herreninsel an.

König Ludwig II. hat das Eiland einst gekauft, um darauf ein Schloss im Stil von Versailles zu bauen. Während der Errichtung nutzte er die barocke Klosteranlage als eine Art noble Bauhütte. Das Kloster liegt auf einer Anhöhe. Es ist umgeben von alten Bäumen und Spazierwegen, die immer wieder neue Ausblicke auf den See, die nahe gelegene Fraueninsel und die Chiemgauer Alpen bieten. Die Sachverständigen, die teilweise mit ihren Frauen aus dem Trümmerchaos der Städte anreisen, atmen erleichtert auf. Was für eine Idylle. Der Rückzug an den abgeschiedenen Ort dürfte die Arbeit am Grundgesetz beschleunigen. Bis Weihnachten soll es schließlich fertig sein, so der Plan der Alliierten.[1]

Die haben jedoch die Rechnung ohne die gründlichen

Deutschen gemacht. Den Verfassungsexperten ist es ernst mit dem Aufbau eines wasserdichten Rechtsstaates. Er soll für stabile politische Verhältnisse sorgen und für alle Zeiten der Gefahr einer erneuten Diktatur vorbauen. Wie muss ein solches Gemeinwesen organisiert sein? Wie viel Kontrollmöglichkeit braucht das Parlament und wie viel Macht der künftige Kanzler? Welche Stellung haben die Länder im politischen System und was ist überhaupt mit den bürgerlichen Freiheitsrechten? Ohne die sorgfältige Beantwortung dieser und vieler anderer Fragen ist für die Deutschen kein Staat zu machen. Bei aller Vorläufigkeit wird es ihrem Provisorium daher nicht an inhaltlicher Substanz mangeln.[2]

Das geht schon auf Herrenchiemsee los. Weder Bergidylle noch Mückenplage lenken die Sachverständigen auf der Insel von der Arbeit ab. »Die schöne Horizontlinie des Chiemgaus« hat »uns den Blick auf dieses Deutschland in Trümmern und in Tränen nicht versperrt«, wird Carlo Schmid am Ende feststellen.[3] Nach zwölf Jahren Terrorherrschaft genießen es die Juristen, in hochkarätig besetzter Runde endlich wieder frei diskutieren zu können. Sie tagen von früh bis spät in die Nacht. Die Debatten finden ebenso in drei Fachausschüssen statt wie bei den Mahlzeiten, am Biergartentisch und auf Spaziergängen zwischendurch. Was für eine »geistige Erfrischung«, schwärmt der bayerische Staatsminister und Tagungsleiter Anton Pfeiffer.[4] Die Staatsrechtler, zu denen neben Carlo Schmid auch der langjährige KZ-Häftling und Leiter der hessischen Staatskanzlei, Hermann Brill, gehört, lassen sich von den wegweisenden Konstitutionen Frankreichs und der USA ebenso inspirieren wie von der 1849er Paulskirchen-

Verfassung. Als Vorlage dient die Weimarer Reichsverfassung. Deren Mängel gilt es künftig zu vermeiden.

Verfassungsarbeit bedeutet Denkarbeit. Zunächst machen sie sich daher an die Begriffsklärung: »Wie soll das Gebilde eigentlich heißen, das wir schaffen?«, fragt Carlo Schmid immer wieder.[5] Handelt es sich um einen neuen Staat, einen westdeutschen Kernstaat oder um ein Staatsfragment?

Was nach philosophischer Gedankenspielerei klingt, ist von hartem realpolitischem Interesse. Es geht um die Macht. Liegt sie in erster Linie bei einer gesamtdeutschen Zentralgewalt oder bei den Ländern, die als Barriere gegen den Machtmissbrauch von oben fungieren sollen? Und welche Stellung kommt darin Ostdeutschland und Berlin zu?

Die bayerischen Vertreter unter Leitung von Staatsminister Anton Pfeiffer stellen die Länder in den Vordergrund. Sie sind als Einzige mit einem Verfassungsentwurf nach Herrenchiemsee gekommen. Darin favorisieren sie einen extrem föderalistischen Neubeginn. Geht es nach ihnen, soll das künftige Deutschland mehr loser Staatenbund als Bundesstaat mit starker Zentralgewalt sein. Da das Deutsche Reich 1945 untergegangen sei, könne das neue Gebilde, so argumentieren sie, nur durch die von den Alliierten gegründeten Länder entstehen. Die würden im nächsten Schritt Rechte an zentrale Instanzen eines künftigen Gesamtstaates übertragen. Die Idee läuft auf einen westdeutschen Kernstaat hinaus, dem später die ostdeutschen Länder beitreten können.

Carlo Schmid ist wie die Mehrheit der Sachverständigen anderer Auffassung. Es bestehe kein Zweifel daran, »dass das Deutsche Reich seiner Substanz nach weiter besteht«, stellt er klar.[6] Schließlich gibt es das deutsche Volk noch. Man habe das Land daher nicht neu zu schaffen, sondern »lediglich neu zu organisieren«.[7] Das könne demnach nur ein »gesamtdeutscher Akt«[8] sein, bei dem Hoheitsgewalt von oben nach unten an die Länder abgegeben werde und nicht umgekehrt.[9]

Einmal in Schwung, zerlegt Schmid die Kernstaatsidee der Bayern gleich mit. Bedauerlicherweise könnten nur die Westdeutschen unter den wachsamen Augen der Alliierten über den neu zu organisierenden Staat entscheiden, argumentiert er. Ohne die Ostdeutschen fehle jedoch die Volkssouveränität, die für ein demokratisches System unverzichtbar sei. Das neue Gebilde könne daher nur ein vorläufiges Staatsfragment sein.[10] Et voilà, da ist es wieder, das Provisoriumskonzept von Carlo Schmid. So schnell lässt sich der Verfassungsrechtler nicht von seinen Überzeugungen abbringen. Sehr zur Genugtuung von Otto Suhr. Der Vorsteher der Berliner Stadtverordnetenversammlung und enge Vertraute von Louise Schroeder vertritt als Gast die schwer erkrankte Oberbürgermeisterin. Sie liegt inzwischen mit einem Magengeschwür und Herzproblemen in einem Hamburger Krankenhaus. So wie sie kürzlich auf dem Rittersturz warnt nun auch Otto Suhr vor der Gründung eines Weststaates, der »sofort die Schaffung eines Oststaates nach sich ziehen würde. Daß damit das Schicksal Berlins besiegelt würde, ist selbstverständlich.«[11]

Zwei Wochen dauert der Konvent auf Herrenchiemsee. Bis zum 23. August erarbeiten die Delegierten ein 95 Seiten umfassendes Fleißwerk. In 13 Kapiteln erörtert es unter Angabe von Mehrheits- und Minderheitspositionen die verfassungsrechtlichen Probleme und ihre politischen Implikationen. Außerdem legen die Sachverständigen einen Grundgesetzentwurf mit 149 teils in alternativen Versionen formulierten Artikeln vor. Er enthält bereits die Namen der künftigen Staatsorgane wie Bundestag, Bundesregierung und Bundesverfassungsgericht als »Hüter der Verfassung«.[12] Vom Provisoriumsgedanken in der Präambel über die Grundrechte bis hin zu Bestimmungen, die, wie das konstruktive Misstrauensvotum, als Lehren aus den Fehlern von Weimar ins spätere Grundgesetz eingehen werden, hat Carlo Schmid den Entwurf maßgeblich geprägt. Er dient bald darauf dem Parlamentarischen Rat als Vorlage.

Trotzdem wird er zunächst kaum gewürdigt. Die Parteipolitiker tun das Auftragswerk der Ministerpräsidenten mit demonstrativ zur Schau gestelltem Desinteresse als unverbindlich ab. Sie behalten sich eigene Gestaltungsfreiheit für das Grundgesetz vor. Für Missfallen sorgt auch die Schlussredaktion der Dokumente. Da am Ende des Konvents keine Zeit zum Gegenlesen war, hatten die Delegierten dafür zuvor Blankounterschriften abgegeben. Gastgeber Anton Pfeiffer hat diesen Umstand für die finale Korrektur genutzt und einige Passagen zum Föderalismus im Sinne der Bayern umgeschrieben.[13] Damit war nicht mehr zu erkennen, »daß die bayerische Position die Position einer kleinen, von den übrigen Teilnehmern nicht ganz ernst genommenen Minderheit war«, wie die Historikerin Petra Weber feststellt.[14] An der föderalistischen Frage werden sich auch in Bonn später die Geister scheiden.

Am 1. September gibt sich die alte kurfürstliche Residenzstadt staatstragend, so gut es unter den Bedingungen eben geht. Handbeschriftete Straßenschilder, hinter denen Kühe weiden, weisen vor der Stadt den Weg zum Parlamentarischen Rat. Vor der klassizistischen Fassade des Naturkundemuseums Alexander Koenig wehen die Flaggen der westdeutschen Länder im Wind. Rechts und links vom Säulenportal sind Polizeieinheiten in blauen Uniformen angetreten. Sie blicken in Richtung der Villa Hammerschmidt gleich gegenüber. Niemand ahnt, dass hier in zwei Jahren der erste Bundespräsident einziehen wird. Jetzt fahren dunkle Vorkriegskarossen mit geschwungenen Kotflügeln vor. Ihnen entsteigen uniformierte Vertreter der Besatzungsmächte und westdeutsche Politiker in Zivil. Männer in weit schlackernden Anzughosen und Frauen mit breitkrempigen Hüten eilen in den Lichthof des Museums.

Es ist ein imposanter Saal mit gläsernem Jugendstildach und Säulenarkaden. Wegen der ausgestopften Tiere aus aller Welt musste man allerdings ein wenig improvisieren. Oben auf der Galerie sind die Perlhühner und auf einem Bein stehenden Flamingos in den Schaukästen geblieben. Unten, wo sich jetzt die Stuhlreihen füllen, hat man zuvor die Bären und Leoparden in die Nachbargänge geschoben. Nur die Giraffe mit dem langen Hals ließ sich nicht unter dem Durchgang in einen Nebenraum bugsieren. Man versteckte sie hinter einem roten Vorhang, »so daß nichts an einen Tiergarten erinnerte«, wie der Spiegel schreibt.[15] »Wohl kaum hat je ein Staatsakt, der eine neue Phase in der Geschichte eines großen Volkes einleitete, in so skurriler Umgebung stattgefunden«, bemerkt Carlo Schmid.[16]

Als um 13 Uhr die Feier zur Eröffnung des Parlamentarischen Rates beginnt, sitzen alle auf ihren Stühlen. Män-

Feierliche Eröffnung des Parlamentarischen Rates im Bonner Museum Alexander Koenig.

ner in dunklen Anzügen dominieren das Bild. Nur wenige Frauen sind zu sehen. Schwarz-Weiß-Fotos zeigen rechts die Ministerpräsidenten, links Vertreter der westalliierten Besatzungsmächte. Es sind allerdings nicht die Militärgouverneure höchstselbst, sondern wegen der Verhandlungen in Moskau nur deren Gesandte.[17] Man möchte den »russischen Bären« nicht unnötig reizen. Es ist in ihren Augen ohnehin gewagt, dass die Westdeutschen auch fünf Berliner nach Bonn eingeladen haben. Während Louise Schroeder immer noch im Hamburg-Altonaer Krankenhaus liegt, sind die Sozialdemokraten Paul Löbe, Ernst Reuter und Otto Suhr sowie der Christdemokrat Jakob Kaiser und der Liberale Hans Reif von der Spree an den Rhein gekommen. Sie haben mit den 65 stimmberechtigten Mitgliedern des Parlamentarischen Rates in der Mitte Platz genommen.

Da ist sie also versammelt, die erste Garde der westdeutschen Politik. Die Parteien in den Landtagen haben ihre besten Leute nach Bonn geschickt.[18] Vorne links sitzt unübersehbar der massige Carlo Schmid. Vielleicht genießt der Kunstsinnige die Leonoren-Ouvertüre von Ludwig van Beethoven, die das Städtische Orchester Bonn gerade spielt.[19] Am anderen Ende der ersten Reihe hat sein hagerer, ernst dreinblickender Widerpart Konrad Adenauer von der CDU Platz genommen. Vor einem halben Jahr ist seine Frau Gussie an den Spätfolgen ihres Selbstmordversuches im Gestapogefängnis gestorben. Der Verlust hat ihn in ein tiefes Trauerloch gestürzt. Nur die Arbeit kann ihn da rausziehen.[20] Schon während der Musik wird er seine nächsten politischen Schachzüge planen.

Der 72-Jährige gilt als Altmeister parlamentarischer Taktik. Schließlich war der Kölner Oberbürgermeister von 1920 bis 1933 auch Präsident des preußischen Staatsrates. Das Amt prädestiniere ihn für den Vorsitz des Parlamentarischen Rates, so die einhellige Meinung in der CDU/CSU-Fraktion. Die SPD unterstützt ihn und soll im Gegenzug eine Mehrheit für Carlo Schmid als Vorsitzenden des Hauptausschusses bekommen. Die Sozialdemokraten sind überzeugt, damit das strategisch bedeutsamere Amt zu besetzen. Sie wähnen Adenauer auf politisch einflusslosem Posten, in dem sie »den alten Nörgler auf einem Ehrenplatz kaltstellen«.[21] Sogar die eigene Fraktion der CDU/CSU will dem Alten das Amt »für einen ehrenvollen Abschied aus dem politischen Leben überlassen«, wie sich Franz-Josef Strauß erinnert.[22] Es ist eine Fehleinschätzung, wie sich bald herausstellen wird.[23] Gleich zu Beginn seiner Präsidentschaft macht Adenauer klar, welch strategische Schlüsselstellung er mit dem Amt auszufüllen gedenkt: »Bis auf weiteres ist der Präsident des Parlamentarischen Rates der alleinige Vertreter des deutschen Volkes gegenüber den Alliierten.«[24]

Ebenfalls vorne in der ersten Reihe leuchtet schlohweiß das Haar von Theodor Heuss. Der ehemalige Reichstagsabgeordnete und linksliberale Mitbegründer der FDP ist aus Württemberg-Baden entsandt worden. Als Journalist und brillanter Rhetoriker wird er sich für die pointierte Formulierung des Grundgesetzes ins Zeug legen.

Und da, in der dritten Reihe, sitzt ja auch Elisabeth Selbert von der SPD. Die Kasseler Rechtsanwältin hat die hessische Landesverfassung mitgeschrieben. Trotzdem hat die dortige SPD keinen Listenplatz für die Genossin freigemacht. Der Parteivorsitzende Kurt Schumacher sorgte persönlich dafür, dass die Verfassungsexpertin Elisabeth Selbert schließlich über die niedersächsische SPD ein Mandat bekam.[25] Links neben ihr, die Frau mit den dunklen Haaren, ist Friederike Nadig aus Nordrhein-Westfalen. Die beiden Sozialdemokratinnen ahnen an diesem Tag wohl noch nicht, welchen Kampf sie in den nächsten Monaten für die Gleichberechtigung der Geschlechter ausfechten müssen. Selbert und Nadig sind zwei von vier Frauen im Parlamentarischen Rat. Aus Nordrhein-Westfallen kommen zudem Helene Weber von der CDU und Helene Wessel vom katholischen Zentrum. Die »frommen Helenen«, wie sie genannt werden, sind alles andere als biedere Alibifrauen, sondern kämpferische Vollblutpolitikerinnen mit langer Verbandserfahrung. Beide haben in der Weimarer Republik ihre Parteien mit aufgebaut und saßen als Abgeordnete im Preußischen Landtag, Helene Weber später auch im Reichstag.

Zwei Kommunisten sind ebenfalls in Anzug und Krawatte erschienen: Max Reimann und Hugo Paul, der schon im Oktober Heinz Renner, dem ehemaligen Essener Oberbürgermeister und nordrhein-westfälischen Verkehrsminister, Platz machen muss. Max Reimann ist ein »kranker, von der KZ-Haft geschundener Mann, hölzern und ungelenk«, beschreibt ihn Carlo Schmid. Heinz Renner dagegen sei »urwüchsig, intelligent und von sicher treffendem Witz«. Die Dialoge, die er sich in den folgenden Monaten mit Konrad Adenauer liefern wird, seien »die Freude des ganzen Hauses«.[26] Die Vertreter der KPD lehnen die Gründung eines separaten Weststaates allerdings kategorisch ab. Max Reimann wird anschließend in der konstituierenden Sitzung sogar die Auflösung des Parlamentarischen Rates fordern.[27]

Er hat jedoch keine Chance. Die Kräfteverhältnisse entsprechen der Machtverteilung in den Landtagen. SPD und CDU/CSU verfügen über jeweils 27 Stimmen. Die FDP hat fünf, die KPD, die rechtsgerichtete Deutsche Partei und das katholische Zentrum haben jeweils zwei Abgeordnete.

Abgesehen von den politischen Differenzen haben die 65 stimmberechtigten Mitglieder des Parlamentarischen Rates und die fünf Berliner einiges gemeinsam. Da ist zunächst das fortgeschrittene Alter. Jeder Dritte ist über 60.

Etliche Abgeordnete sind Juristen, Ökonomen und Verwaltungsexperten. Viele saßen schon in der Weimarer Nationalversammlung oder waren bis 1933 Abgeordnete des Reichstages.[28] Vertreter der mittleren Generation, die das NS-Regime aufgebaut und getragen hat, fehlen jedoch weitgehend. Entweder sind sie noch in Kriegsgefangenschaft, wurden von den Alliierten vorläufig interniert oder haben es wegen der zunächst strengen Entnazifizierungsverfahren noch nicht wieder in landespolitische Ämter und Würden gebracht.

Keineswegs alle aus der Bonner Runde haben aktiven Widerstand gegen Hitler geleistet. Dem Staatsrechtler Hermann von Mangoldt (CDU) aus Schleswig-Holstein etwa gelang es, das Regime ohne berufliche Blessuren zu überstehen. Zum Missfallen der Nazis forschte er zwar über amerikanische Verfassungen. Trotzdem gelang dem Experten für internationales Recht eine erfolgreiche akademische Laufbahn als Professor an verschiedenen Universitäten. Der westfälische Gutsherr Adolf Blomeyer (CDU) war bis 1937 sogar in der Reiter-SA und bis 1942 Bürgermeister der Landgemeinde Uhlenburg. Als Mitglied der Bekennenden Kirche verlor er jedoch 1942 alle öffentlichen Ämter.

Für fast 50 Mitglieder des Parlamentarischen Rates waren 1933 die Karrieren zu Ende.[29] Wie Konrad Adenauer und Theodor Heuss verloren mindestens 26 wegen politischer Unzuverlässigkeit ihre Ämter. 15 Politiker landeten zeitweise hinter Gittern. Sozialdemokraten wie Paul Löbe und Ernst Reuter kamen ebenso ins KZ wie die Kommunisten Max Reimann und Hugo Paul, die viele Jahre in Sachsenhausen saßen. Mehrere Sozialdemokraten flohen ins Ausland, etwa Erich Ollenhauer nach Prag und Ernst Reuter nach Istanbul. Friedrich Wilhelm Wagner, dem 1933 die Flucht aus der Haft gelang, führte die Odyssee über Frankreich, Spanien und Portugal bis ins rettende New York. Er wird sich besonders für das Recht auf Asyl und die Abschaffung der Todesstrafe aussprechen.

Und jedem Anfang wohnt ein Zauber inne. Für den Parlamentarischen Rat gelten die Worte von Hermann Hesse in zweifacher Hinsicht. Es ist der Zauber der politischen Erhabenheit, der die Bonner Runde und damit die erste Phase des republikanischen Neuanfangs kennzeichnet. Immerhin das ist ein großes Glück. Wenige Jahre später kehren die alten Eliten zurück in Politik und Verwaltung, Justiz und Universitäten.

Die Mitglieder des Parlamentarischen Rates verbindet hingegen die existenzielle Erfahrung, ein Verbrecherregime mit allzeit drohender Verfemung und Verfolgung überlebt zu haben. Würde diese Gemeinsamkeit ausreichen, ihre parteipolitischen Kontroversen auf einen gemeinsamen Verfassungsnenner zu bringen? Den ersten Krawall gibt es gleich zu Beginn der Arbeit.

Die Bonner Runde ist nach der feierlichen Eröffnung im Museum Koenig zum Rhein hinunter in die Pädagogische Akademie gezogen. Studenten und Professoren wurden kurzerhand in ein anderes Quartier verlegt. Das Gebäude ist Anfang der 30er-Jahre im Bauhaus-Stil errichtet worden, gerade noch rechtzeitig, bevor Hitler an die Macht kam. Was für ein triumphaler Zufall, dass sie ausgerechnet in einer von den Nazis verfemten Architektur die konstitutionelle Grundlage für den demokratischen Neubeginn schaffen.

In der Aula der Pädagogischen Akademie sitzt in der ersten Tischreihe immer mindestens ein Vertreter jeder Partei. Von links: Max Reimann (KPD) wird von Walter Menzel (SPD) verdeckt, daneben Carlo Schmid (SPD), Theodor Heuss (FDP), Hans-Christoph Seebohm (DP) und Johannes Brockmann (Zentrumspartei).

»Die Flure sind eng, sie eignen sich nicht dazu, politische oder philosophische Wandelgänge zu werden«, schreibt Die Zeit mäßig begeistert. »Im Parlaments-Restaurant, wo es nur einfach gehaltene Tische und Stühle gibt, vermißt man etwas von jenem Plüsch, der es früher im Berliner Reichstag zu Wege brachte, daß Freund und Feind sich gelegentlich zu weichgepolsterten Plauderstunden verführen ließen.«[30]

Als großer Sitzungsraum dient die lichtdurchflutete Aula. Auf der einen Seite geht eine spektakuläre Fensterfront zum Strom hinaus. Im Wasser liegen immer noch die Trümmer der von der Wehrmacht zerstörten Rheinbrücke. An der Wand gegenüber hängt ein Gobelin mit einem Motiv aus der griechischen Sagenwelt. Es ist eine Leihgabe der Stadt Bonn. Der Wandteppich soll ein wenig historische Deko in die Pädagogische Akademie bringen. Dazwischen stehen Tische wie in einem Klassenzimmer aneinandergereiht. In dieser nüchternen Umgebung entsteht in den nächsten Monaten das Fundament für das demokratische Deutschland.

Erster Akt: die Wahl von Konrad Adenauer zum Präsidenten. Sie verläuft reibungslos wie zuvor verabredet. Noch bevor er das Präsidium übernimmt und seine Antrittsrede hält, ist jedoch der Status der Berliner Abgeordneten zu klären. Als Vertreter der Vier-Mächte-Stadt haben sie kein Stimmrecht in einem westdeutschen Gremium. Die Bonner wollen sie jedoch am Verfassungsprojekt beteiligen und so Verbundenheit mit der umkämpften Stadt signalisieren. Carlo Schmid stellt daher im Namen der SPD-Fraktion den Antrag, die fünf mit beratender Stimme zuzulassen. Daraufhin stürmt der Kommunist Max Reimann zum Mikrofon. Berliner Abgeordnete in Bonn? Der Vorgang würde die Moskauer Verhandlungen der Westmächte mit Stalin über das Ende der Blockade stören. Mehr noch. Die Beratungen über eine »separate westdeutsche Verfassung« würden auf die Spaltung Deutschlands hinauslaufen. Immer wieder erheben die SED-Kommunisten in der Ostzone den Vorwurf. Ihre westdeutschen Genossen im Geiste posaunen ihn verlässlich nach. Max Reimann weiß genau, dass er

Abstimmung in der konstituierenden Sitzung des Parlamentarischen Rates: Während der Kommunist Max Reimann (vorne links) bei der Wahl des Vizepräsidenten die Stimme verweigert, heben Carlo Schmid und Theodor Heuss (dritter und vierter von links) mit den anderen Abgeordneten die Hand.

damit öffentlichkeitswirksam die Achillesferse des Parlamentarischen Rates trifft. Der solle seine Arbeit sofort einstellen, fordert der Kommunist mit hölzerner Stimme, wie auf alten Tonaufnahmen zu hören ist.[31]

In der anschließenden Abstimmung lehnt das Plenum den Antrag der Kommunisten einhellig ab und stimmt der Zulassung der Berliner Abgeordneten applaudierend zu.[32] Dabei gibt es einen Tumult, den der Alterspräsident Adolph Schönfelder von der SPD nur mit Mühe unter Kontrolle bringt.

Konrad Adenauer bleibt cool. Er bedankt sich »nach diesem Intermezzo« launig beim 73-jährigen Kollegen für die eben bewiesene »jugendliche Frische und Stärke« und heißt »herzlich die Herren aus Berlin« willkommen. Sie mögen »in die Reihen hereinrücken«, ruft er zu Beginn seiner Antrittsrede unter lautem Beifall des Plenums. »Wir würden uns alle freuen, wenn wir auch aus den Ländern der Ostzone hier Vertreter hätten begrüßen können.«

Es sei sehr schwer gewesen, den Auftrag der Alliierten anzunehmen, fährt Adenauer fort. Man müsse jedoch die Möglichkeit nutzen, die chaotischen Zustände im Land zu beenden und dem »völlig auseinander gebrochenen deutschen Volke« eine neue politische Struktur zu geben. »Einmal muss ein Anfang gemacht werden«, ruft Adenauer den Parlamentariern zu. »Wir gehen an unsere Arbeit in der unerschütterlichen Absicht, auf diesem Wege wieder zur Einheit von ganz Deutschland zu gelangen.«[33]

Darauf trinken sie später beim Abendempfang in der Godesberger Redoute, dem klassizistischen Bonner Ballsaal aus kurfürstlicher Zeit. Die kommunistischen Abgeordneten sind ebenfalls gekommen. Journalisten zücken erstaunt den Fotoapparat, als sie den eben noch gescholtenen Max Reimann in trauter Runde mit Konrad Adenauer (CDU), dem NRW-Ministerpräsidenten Karl Arnold (CDU) und dem Weihbischof von Köln sitzen sehen.[34] »Unsere Kommunisten«, erklärt Konrad Adenauer im Interview mit der AP-Presseagentur, seien im Vergleich zu denen des Jahres 1918 die reinsten »Gentlemen«.[35] Don Camillo und Peppone am Rhein.

Zuvor macht Carlo Schmid als sozialdemokratischer Fraktionsführer dem frisch gewählten Präsidenten seine Aufwartung. Zum ersten Mal stehen sich die beiden Kontrahenten persönlich gegenüber. »Man hat mich vor Ihnen

Konrad Adenauer, Präsident des Parlamentarischen Rates

gewarnt. Sie kennen Ihren Ruf«, sagt Schmid und spielt dabei auf Adenauers vermeintlich lockeren Umgang mit der Wahrheit an. Er selbst, erklärt Schmid schelmisch, werde Adenauer alles glauben, was der sage. »Sie werden sich von mir gefallen lassen müssen, dass ich Sie immer wieder bei Ihrem Wort nehmen werde.« Es entsteht ein langes Gespräch, das der 72-jährige Adenauer mit den Worten beendet: »Was uns beide unterscheidet, ist nicht nur das Alter, es ist noch etwas anderes: Sie glauben an den Menschen, ich glaube nicht an den Menschen und habe nie an den Menschen geglaubt.«[36] So spricht der Alte, der in Kölner Gestapo-Haft erlebt hat, wie sich einst brave Bürger und

Polizisten in brutale Folterer verwandeln, zum 20 Jahre jüngeren, allseits beliebten politischen Pädagogen.

Es ist nicht überliefert, was Carlo Schmid darauf entgegnet. Seine Biografin Petra Weber widerspricht jedoch Adenauers Urteil und bescheinigt Schmid durchaus Realitätssinn. »Nicht an den Menschen glaubte er, sondern an dessen Erziehbarkeit. So war auch die Verfassungsschöpfung für ihn ein Stück Bürgerpädagogik.«[37]

Davon bekommen die Mitglieder des Parlamentarischen Rates eine Woche später eine Kostprobe. Am 8. September sitzt die Bonner Runde wieder an den Klassenzimmertischen zwischen Fensterfront und Gobelin in der Aula der Pädagogischen Akademie. Carlo Schmid eröffnet die erste Plenardebatte mit einem Grundsatzreferat im Stil einer fast zweistündigen Vorlesung.[38] Darin feiert der Republikaner das Wesen der Verfassung als »Gesamtentscheidung eines freien Volkes«, das sein Schicksal selbst in die Hand nimmt. Das Volk gibt sich eine Konstitution. Es schafft ein Regelwerk, um auf der Basis von Freiheit und Gleichheit zusammenzuleben. Dem alten Tondokument ist die Begeisterung über diese fantastische Perspektive nach der Diktatur anzuhören.

Carlo Schmid muss jedoch an dieser Stelle Essig in den Wein kippen. Das Land ist schließlich besetzt. Die Deutschen sind nun mal kein Volk mehr, das frei über sich entscheiden kann. Sie sind auch nicht vollzählig. Nur die in den westlichen Besatzungszonen lebende Bevölkerung soll im alliierten Auftrag das Grundgesetz ausarbeiten. Daher wiederholt der Rechtsphilosoph sein Mantra vom Staatsfragment. Das könne sich unter den Besatzungsmächten zwar organisieren, nicht jedoch als souveräner

Staat konstituieren. Manche im Parlamentarischen Rat rollen an dieser Stelle mit den Augen. Theodor Heuss reimt sogar:

»Der Carlo zelebriert wie ein Gedicht
die hohen Worte seines Staatsfragments
auf jedem Comma wuchtet sein Gewicht
jetzt die Cäsur, dann fühlsam die Cadenz.«[39]

Sie verzeihen dem brillanten Redner jedoch die Penetranz in Sachen Provisorium. Zudem greift er in ungewohnt scharfer Form die Besatzer wegen ihres Kontrollanspruchs an. Die behalten sich schließlich vor, das Grundgesetz am Ende zu genehmigen. Carlo Schmid fordert dagegen von ihnen die Rückgabe von Hoheitsrechten, etwa in der Außenpolitik.

Schließlich kommt Schmid zum konstruktiven Teil seiner Rede. Er zählt auf, was ins Grundgesetz gehört. Gewaltenteilung und natürlich die Grundrechte. Die als Allererstes! Gleichheit und Freiheit, Brief- und Postgeheimnis, Schutz der Privatsphäre. Alles, was Hitler den Deutschen geraubt hat, gehört an den Anfang. »Die Grundrechte müssen das Grundgesetz regieren«, fordert er. Sie dürfen »kein Anhängsel« darstellen wie in der Weimarer Verfassung und auch keine bloße Deklaration. Sie müssen geltendes Recht für die Verwaltung und von jedermann einklagbar sein.

Et voilà. Eben noch hat Carlo Schmid wortreich begründet, warum man in Deutschland derzeit keinesfalls eine Verfassung schreiben könne. Schon ist er mittendrin. Er unterstreicht die Bedeutung von Präambel und politischen Parteien. Er spricht über das Wahlrecht und hat sogar für das künftige Staatssymbol konkrete Vorstellungen. Für die Flagge kommen »wohl nur die schönen Farben der deutschen Einheits- und Freiheitsbewegung in Frage, die Farben Schwarz-Rot-Gold!«

Über die Notwendigkeit der wehrhaften Demokratie weiß er sich wie schon auf Herrenchiemsee mit allen einig: »Es soll sich jener nicht auf die Grundrechte berufen dürfen, der von ihnen Gebrauch machen will zum Kampf gegen die Demokratie und die freiheitliche Grundordnung.«[40] Niemand soll etwa die Pressefreiheit in Anspruch nehmen können, »nur zu dem einen Zweck, die Republik zu beseitigen, um an ihre Stelle eine Diktatur zu setzen, die keine Pressefreiheit mehr kennen wird!«[41] Beim künftigen Staatsaufbau will er ebenfalls Konsequenzen aus den Fehlern von Weimar ziehen. Schließlich war Hitler auf legalem Weg an die Macht gelangt, als Reichspräsident von Hindenburg ihn 1933 zum Kanzler ernannte. Zugleich steht Carlo Schmid wie die gesamte Bonner Runde unter dem Eindruck der Berliner Ereignisse, wo der Demokratie von kommunistischer Seite Gefahr droht.

Zwei Tage zuvor haben bestellte Störer erneut die gewählte Stadtverordnetenversammlung in der Ostberliner Parochialstraße angegriffen. »Russischer Putsch in Berlin«, titelt der Tagesspiegel. Wie schon im Juni, als Louise Schroeder nur knapp den Schlägertrupps entkam, versuchen sie die Sitzung erneut zu sprengen. Dahinter steckt auch dieses Mal die SED, die aus der Zwangsvereinigung von Kommunisten und Sozialdemokraten hervorgegangene ostdeutsche Einheitspartei. In der alten Hauptstadt muss sie um die Macht bangen, wenn im Herbst 1948 die nächsten Wahlen zur Gesamtberliner Stadtverordnetenversammlung stattfinden. Gegen die SPD und die anderen demokratischen Parteien ist die SED chancenlos. Die Menschen fürchten die von »den Russen« gesteuerte Partei und deren Versuche, widerspenstige Sozialdemokraten mit Verschleppungen aus dem Weg zu schaffen. Über 5.000 Menschen sind in den vergangenen drei Jahren spurlos aus Berlin und der Ostzone verschwunden. Die Blockade scheint ebenfalls nach hinten loszugehen. Amerikaner, Briten und Franzosen stemmen sich erfolgreich mit der Luftbrücke gegen den Erpressungsversuch.[42]

Die Berliner bejubeln ihre einstigen Feinde längst als Schutzmächte und packen selbst mit an. Den neuen Flughafen Tegel stampfen sie mit eigenen Händen aus dem märkischen Sand. Von den 19.000 Menschen, die in drei Schichten auf der Baustelle im französischen Sektor malochen, sind fast die Hälfte Frauen. Mit Schaufeln rücken sie den großen Sanddünen zu Leibe, die es als Erstes abzutragen gilt. Trotz der Knochenarbeit stehen die Leute Schlange vor dem Einstellungsbüro direkt an der Baustelle. Außer dem für damalige Verhältnisse hohen Stundenlohn von 1,20 Mark West gibt es etwas noch Wichtigeres: eine warme Mahlzeit am Tag.[43]

Angesichts der Entschlossenheit im Westen versucht die SED, zumindest den Ostsektor von »konterrevolutionären Kräften« zu säubern. Mit Erfolg. Als am 6. September wieder einmal Schlägerbanden das Gebäude stürmen und die Stadtverordnetenversammlung lahmlegen, verlegt ihr Vorsteher Otto Suhr die Sitzung in die Technische Universität im britischen Sektor. Die Magistratsmehrheit folgt kurz darauf, nachdem es zuvor schon zur Teilung wichtiger

Behörden wie der Polizei gekommen ist.[44] Beamte werden am Betreten ihrer Büros gehindert, Gehälter und Löhne nicht ausbezahlt, weil viele in den Westsektoren eingerichtete Konten im sowjetischen Sektor blockiert sind.[45]

Das hat den Berlinern noch gefehlt. Auf ihnen lastet seit Monaten ein ungeheurer physischer und psychischer Druck. Sie hausen inmitten der Ruinen. Wer ein Dach über dem Kopf hat, hockt oft in dunklen Wohnhöhlen. Viele Fensterscheiben sind zersplittert und notdürftig verrammelt. Die Gedanken kreisen ständig darum, woher die Zutaten für die nächste karge Mahlzeit kommen. Während sich im Westen die Versorgungslage, vor allem im Gebiet der Bizone, verbessert, gibt es in Berlin weder frische Milch noch Obst und Gemüse. Strom fließt nur zwei Stunden am Tag. U-Bahnen und Trams fahren daher nur sporadisch. Die Menschen müssen ihre Wege größtenteils zu Fuß oder mit dem Fahrrad zurücklegen, was zusätzlich zur allgemeinen Erschöpfung beiträgt. Schließlich ist Berlin mit einer Fläche von 892 Quadratkilometern größer als New York.

Am schlimmsten ist jedoch die Angst vor »den Russen«. Die Zeichen für eine Eskalation mehren sich. Jetzt hat die SED auch noch die gewählte Stadtverordnetenversammlung gesprengt. Als die demokratischen Parteien am 9. September dagegen zur Protestveranstaltung aufrufen, strömen 300.000 Menschen auch aus dem östlichen Sektor vor den zerstörten Reichstag. Am Mikrofon steht Ernst Reuter, der gewählte, aber von den Sowjets verhinderte Oberbürgermeister. Für die westlichen Alliierten bleibt er freilich der erste Ansprechpartner. Ernst Reuter hat den amerikanischen Militärgouverneur Clay darin bestärkt, die Stadt per Luftbrücke zu versorgen und den Sowjets klare Kante

Ernst Reuter appelliert am 9. September 1948 vor dem zerstörten Reichstag an die »Völker der Welt«, die Freiheit Berlins zu verteidigen.

zu zeigen. Die Verhandlungen der westlichen Alliierten mit Stalin gehen jedoch weiter. Der Kreml-Chef verlangt Gegenleistungen für das Ende der Blockade. Werden die Alliierten standhalten oder sich zu Zugeständnissen hinreißen lassen? Ernst Reuter beschwört darauf die internationale Gemeinschaft: »Uns kann man nicht eintauschen, uns kann man nicht verhandeln, und uns kann man auch nicht verkaufen«, ruft er aus. »Ihr Völker der Welt, schaut auf diese Stadt und erkennt, dass ihr diese Stadt und dieses Volk nicht preisgeben dürft und nicht preisgeben könnt.« Er spricht langsam und selbstbewusst, betont besonders »diese« Stadt und »dieses« Volk. Es ist große Rhetorik und zugleich die pathetische Version jener Botschaft, mit der er bereits im Juli auf der Niederwald-Konferenz die westdeutschen Ministerpräsidenten überzeugt hat: In Berlin entscheidet sich das Schicksal des Westens.

Der 9. September endet blutig. Jugendliche reißen die rote sowjetische Fahne mit Hammer und Sichel von der Quadriga auf dem Brandenburger Tor. Es kommt zu Zusammenstößen mit der Ostberliner Polizei, die das Feuer eröffnet. Sie erschießt einen 15-Jährigen und verhaftet mehrere Demonstranten. Wenige Tage später werden fünf von ihnen, darunter vier Jugendliche im Alter zwischen 16 und 20 Jahren, vom russischen Militärtribunal zu jeweils 25 Jahren Zwangsarbeit verurteilt.[46]

Die Bonner sind bestürzt. Selbstverständlich werden sie im Parlamentarischen Rat dazu eine Stellungnahme abgeben, obwohl ihnen die westlichen Alliierten das Recht dazu absprechen. Die Generäle fürchten eine Provokation und blicken mit Sorge auf das wachsende Selbstbewusstsein der deutschen »Parlamentarier«. Die setzen sich jedoch durch. Zwei Tage nach dem Urteil des sowjetischen Militärgerichts verabschiedet der Rat eine Entschließung, die Präsident Adenauer vorträgt. Er verurteilt darin den Terror und betont die »unerschütterliche Verbundenheit« der Bonner mit den »tapferen« Berlinern.[47]

In den anschließenden Stellungnahmen der Fraktionen macht Carlo Schmid für die SPD deutlich, welches Schicksal die jungen Demonstranten erwartet: »25 Jahre Zwangsarbeit bedeutet Deportation nach Sibirien, und Deportation nach Sibirien, meine Damen und Herren, bedeutet Mord.« Das Urteil sei nur ein Glied in einer langen Kette von Verbrechen gegen die Menschlichkeit. Erinnert sei etwa an die über 5.000 Menschen, die in den vergangenen drei Jahren aus Berlin und der Ostzone verschwunden seien und über deren Aufenthaltsort niemand etwas wisse. Der Parlamentarische Rat müsse sich dazu äußern, auch wenn die Alliierten ihm wegen »seiner beschränkten Zuständigkeit« dazu die Kompetenz absprächen. »Man hat uns gesagt, wir hätten keine andere Aufgabe als die, das Grundgesetz zu beraten und zu beschließen«, schimpft Schmid. Wenn das jedoch »nicht nur ein Stück Literatur sein soll, dann müssen wir die Möglichkeit haben, über die Wirklichkeit zu reden, in die hinein wir das Grundgesetz bauen sollen«.[48]

Die KPD nutzt die Gelegenheit, ihre Version der Wirklichkeit zu propagieren. Wie Max Reimann während der Konstituierung des Parlamentarischen Rates versucht jetzt sein Genosse Hugo Paul, Sand ins Getriebe der Bonner Verfassungswerkstatt zu streuen. Der Parlamentarische Rat habe nicht das Recht, für die Deutschen zu sprechen, wettert er. Schließlich sei der nur »durch das Diktat der westlichen Besatzungsmächte« berufen worden. Als er lautstarke Proteste erntet und die Sitzung zu entgleisen droht, greift Konrad Adenauer ein. Einmal mehr demonstriert er die Fähigkeit, Konfliktsituationen souverän durch ironische Ansagen zu entschärfen. »Ich bitte doch, die 10 Minuten Redezeit des Herrn Paul nicht mit Zwischenrufen zu verkürzen«, mahnt er und fügt trocken hinzu: »Oder machen Sie gute Zwischenrufe!« Er hat die Lacher auf seiner Seite.

Trotz ständiger kommunistischer Störmanöver ist die Maschinerie der Gesetzgebung angelaufen. Es herrscht Arbeitsteilung in der Bonner Verfassungswerkstatt. Sechs Fachausschüsse produzieren die Entwürfe für die verschiedenen Themenbereiche von den Grundrechten über die Finanzgesetze und den Staatsaufbau bis zum Wahlrecht. Es gibt Unterausschüsse und den allgemeinen Redaktionsausschuss. Seine Mitglieder haben die Aufgabe, die Artikel juristisch wasserdicht zu formulieren. Die Redakteure mischen jedoch auch inhaltlich mit. Dem Hauptausschuss unter der Ägide von Carlo Schmid obliegt es schließlich, die Arbeit aller Gremien zusammenzufügen und das Grundgesetz in einen Guss zu bringen. Oftmals leben dabei die Diskussionen erneut auf, die bereits in den Fachausschüssen geführt wurden. Das zerrt an den Nerven aller Beteiligten. Es gilt zudem, den Überblick über die zahlreichen Entwürfe zu behalten. Die Sekretärinnen leisten ganze Arbeit, zumal es in jedem Ausschuss mehrere Lesungen und damit unzählige Textfassungen zu tippen und mit Kohlepapier zu vervielfältigen gibt. Von früh bis spät hallt das Geklapper der Schreibmaschinen aus den Büros hinaus auf die Gänge der Pädagogischen Akademie.

Parallel dazu stimmen die Fraktionen ihre parteipolitischen Positionen ab. Etwa, wenn es um das hoch umstrittene Elternrecht und die kirchliche Kontrolle über die Schulbildung geht (CDU/CSU, Deutsche Partei, Zentrum: ja, SPD und FDP: nein) oder das Recht auf Arbeit (KPD: ja, alle anderen: nein). War noch zu Beginn der Wille ausgeprägt, das notleidende Land mit vereinten Kräften wiederaufzurichten, tritt jetzt das parteipolitische Ringen um die eigene Programmatik in den Vordergrund.

So zieht sich die Arbeit am Grundgesetz in die Länge. Die korrekte Ausformulierung der Artikel braucht ebenfalls Zeit. Schließlich wollen die Mitglieder des Parlamentarischen Rates juristische Qualitätsarbeit abliefern. Die muss auch stilistisch sitzen. Am 6. Oktober diskutieren sie etwa im Ausschuss für Grundsatzfragen über das Für und Wider von kurzen Sätzen. Es ist eine Steilvorlage für den Halbfranzosen Carlo Schmid: »Ich verstehe die allgemeine Ablehnung der Partizipialkonstruktionen in Deutschland nicht«, setzt er zu einem seiner berühmten Exkurse an, auch wenn »sie natürlich Anforderungen an die Konzentrationsfähigkeit des Lesers stellen.« Einwurf von Theodor Heuss: »Wer einmal den Cicero durchgemacht hat, hat es intus.«

Carlo Schmid mag die Bemerkung des Kollegen mit einem lächelnden Kopfnicken quittieren. Seinen Vortrag setzt er ungerührt fort. Die Preußen mit ihren »berühmten knappen Sätzen« aus dem »Exerzier-Reglement« seien schuld. Gewiss, der knappe Satz sei eine Stilform, aber »die Periode«, der lang verschachtelte Satz, sei ebenfalls eine, beharrt Schmid und gerät ins Schwärmen: »Ich möchte sagen, es ist die noblere und eigentlich humanere, weil sie die Möglichkeit gibt, einen Gedanken in all seinen Verästelungen in einem Satz zum Ausdruck zu bringen, und so jedem einzelnen Satze die Dignität eines selbständigen, gedanklichen Fortschritts zu geben.«[49] Die Dignität, die Würde, eines selbstständigen gedanklichen Fortschritts.

Theodor Heuss, der zwischendurch feinsinnige Zeilen mit ironischen Seitenhieben auf seine Kollegen dichtet, beherrscht auch die direkte Form. »Das ist ein Saudeutsch«, schimpft der Schwabe mit tiefer Bass-Stimme, wenn mal wieder umständliche Formulierungen den Sinngehalt eines Artikels ad absurdum führen. Am Ende siegt die Klarheit. Auch wer den Cicero nicht intus hat, soll das Grundgesetz verstehen. Also wird in zahlreichen Korrekturschleifen formuliert und verdichtet, gestrafft und gefeilt.

Es geht los mit den Grundrechten. Sie umfassen jene universellen Rechte der Freiheit und Gleichheit, über die alle Menschen aufgrund ihrer Natur verfügen. Damit stellen sich die Deutschen wieder in die Tradition der Aufklärung und der westlichen Verfassungsstaaten. Den Anfang machten die britischen Auswanderer in den amerikanischen Kolonien im Jahr 1776. Es war wie ein Donnerhall, als sie mit der Virginia Bill of Rights die Staatsmacht durch Gesetze begrenzten und sich von der britischen Krone lossagten. Das Getöse war weit über den Atlantik zu hören. 1789 schlugen die Franzosen mit der Losung »Liberté, Egalité, Fraternité« und der Erklärung der Menschen- und Bürgerrechte den nächsten Pflock in den ausgedörrten Boden des alten Feudalsystems. In Deutschland folgten die Paulskirchenverfassung von 1849 und die Weimarer Reichsverfassung von 1919. Hitler zertrümmerte deren humanistische und demokratische Prinzipien. Er ermächtigte seine schnell wachsende Gefolgschaft, Teile der Menschheit zu entwerten. Juden verloren ihr Daseinsrecht ebenso wie Sinti und Roma, Behinderte und Homosexuelle. Die arische Rasse sei zum Herrschen, andere Völker zur Unterwerfung oder Ausrottung bestimmt. Das Ende ist bekannt.

Gerade sind die Vereinten Nationen dabei, die Konsequenzen aus der Katastrophe zu ziehen. Unter der Ägide von Eleanor Roosevelt, der Politikerin und Witwe des

US-Präsidenten Franklin D. Roosevelt, verabschieden sie im Dezember 1948 in Paris die UN-Menschenrechtserklärung. Immer wieder ziehen die Bonner deren Formulierung zurate: »Alle Menschen sind frei und gleich an Würde und Rechten geboren«, lautet der erste Satz. Auf die Frage, wo die Menschenrechte beginnen, antwortet Eleanor Roosevelt eindrücklich:

> *»An den kleinen Orten, nahe dem eigenen Zuhause. So nah und so klein, dass diese Orte auf keiner Weltkarte zu finden sind. Die Nachbarschaft, in der wir leben, die Schule oder die Universität, die wir besuchen, die Fabrik, der Bauernhof oder das Büro, in dem wir arbeiten. Das sind die Orte, wo jeder Mann, jede Frau und jedes Kind gleiche Rechte, gleiche Chancen und gleiche Würde ohne Diskriminierung sucht. Wenn diese Rechte hier nicht gelten, gelten sie nirgendwo.«*[50]

Anders als die Vereinten Nationen geht die Bonner Runde jedoch über die bloße Proklamation hinaus. Im künftigen Westdeutschland sollen die Grundrechte juristisch verbindlich und damit einklagbar sein.

Damit steht das Individuum an vorderster Stelle der neuen Verfassung, nicht der Staat. Der kommt erst später in Artikel 20, wo es heißt: »Die Bundesrepublik Deutschland ist ein demokratischer und sozialer Bundesstaat. Alle Staatsgewalt geht vom Volke aus.« Die neue Reihenfolge bedeutet eine radikale Umkehr vom Prinzip der NS-Herrschaft, als der Einzelne nichts, die »Volksgemeinschaft« jedoch alles galt. Bereits im Entwurf von Herrenchiemsee haben sie die Losung vorgegeben: »Der Staat ist um des Menschen Willen da, nicht der Mensch um des Staates willen.«[51] Dieser Logik bleiben die Mitglieder des Parlamentarischen Rates treu.

Der Leitgedanke ist die Menschenwürde. Sie gehört in Artikel 1, darin sind sich alle einig. Mit der Menschenwürde schützt die Bonner Runde, was die Nazis in Gestapogefängnissen und Gerichtssälen, durch Deportationen und Versklavung geraubt haben. Sie ist das Nie-wieder-Bekenntnis im Grundgesetz.

Die erste Formulierung vom 22. September wirkt noch umständlich erklärend: »Die Würde des Menschen ruht auf ewigen, einem Jeden von Natur aus eigenen Rechten. Das deutsche Volk erkennt sie erneut als Grundlage aller menschlichen Gemeinschaften an.«

Nach mehreren Diskussionen und Korrekturschleifen ist der Text entschlackt: »Die Würde des Menschen ist unantastbar.« Sechs Wörter reichen, um das Prinzip des Rechtsstaates eindringlich auf den Punkt zu bringen: Jeder Mensch hat den gleichen Wert, unabhängig von seinen Eigenschaften, Leistungen und dem sozialen Status, wie das Bundesverfassungsgericht später präzisiert.[52] Es spielt keine Rolle, ob jemand jung oder hochbetagt, arm oder reich, in Deutschland geboren, eingewandert oder geflüchtet ist.

Im nächsten Satz folgt die Garantieklausel zur Menschenwürde: »Sie zu achten und zu schützen ist Verpflichtung aller staatlichen Gewalt.« Der Gesetzgeber hat dafür also ebenso einzustehen wie Verwaltung, Polizei und Justiz.

Was heißt das konkret? Antisemitische und rassistische Diskriminierung ist tabu. Parteien, die dies praktizieren, riskieren das Verbot. Menschenwürde besitzt zudem auch, wer die Würde anderer Menschen verletzt hat. Daher ist

Folter bei einem Polizeiverhör verboten, selbst dann, wenn die Ermittler wie im Fall des 2002 entführten Jakob von Metzler hoffen, das Kind dadurch retten zu können. Das Frankfurter Landgericht verurteilte damals den verantwortlichen Beamten, wie es der Artikel 1 verlangt. Wegen »ehrenwerter Motive« sprach das Gericht jedoch nur eine Verwarnung aus – und traf damit den Nerv der öffentlichen Meinung.

Zum Schwur kommt es auch beim Existenzminimum. Es muss menschenwürdig sein, wie das Bundesverfassungsgericht erstmals im Jahr 2010 erklärte.[53] Das gilt auch für jene Harz-IV-Empfänger, die Jobangebote ablehnen oder sich der aktiven Suche nach einem Arbeitsplatz verwehren. Kürzungen von 30 Prozent sind zwar unter Umständen erlaubt. Sie dürfen jedoch nicht 60 oder sogar 100 Prozent betragen, entschied das Bundesverfassungsgericht im Jahr 2019.[54]

Der erste Artikel über die Menschenwürde ist zugleich die Generalklausel und der Schlüssel für den ganzen Grundrechtekatalog, bekräftigt Carlo Schmid.[55] Darum heißt es darin weiter: »Die nachfolgenden Grundrechte binden Gesetzgebung, vollziehende Gewalt und Rechtsprechung als unmittelbar geltendes Recht.« Sie schützen alle Bürgerinnen und Bürger vor staatlichen Übergriffen. Wir können uns jederzeit auf sie berufen und vor Gericht Klage erheben, sogar direkt vorm Bundesverfassungsgericht. Egal, ob es um die Pressefreiheit in Artikel 5, das Briefgeheimnis in Artikel 10 oder den Schutz des Privateigentums in Artikel 14 geht. Was im Grundgesetz steht, ist das juristische Maß aller Dinge. Das gesamte Rechtssystem muss der Verfassung gehorchen.

Aus diesem Grund zuckt die Bonner Runde zunächst beim Artikel 3 zurück: »Alle Menschen sind vor dem Gesetz gleich.« Der erste Satz ist noch unstrittig. Für den zweiten Absatz schlägt die Rechtsanwältin Elisabeth Selbert von der SPD vor: »Männer und Frauen sind gleichberechtigt.« Die klare Formulierung besitzt allerdings juristische Sprengkraft für große Teile des Bürgerlichen Gesetzbuches. Das damalige Ehe-, Familien- und Scheidungsrecht würde verfassungswidrig. Genau darauf will die Juristin Selbert hinaus. Schließlich stammen die patriarchalischen Gesetze noch aus dem Jahr 1896.

Für Beamtinnen gilt etwa die sogenannte Zölibatsklausel. In den Staatsdienst kommen nur unverheiratete oder verwitwete Frauen ohne Kinder. Heiratet die Beamtin, muss sie aus dem Dienst ausscheiden. Obendrein erlischt ihr Anspruch auf Ruhegehalt.[56] Das Familienrecht definiert den Mann als Oberhaupt der Familie. Der sogenannte Gehorsamsparagraf 1354 im Bürgerlichen Gesetzbuch spricht ihm das alleinige Entscheidungsrecht in »allen das gemeinschaftliche eheliche Leben betreffenden Angelegenheiten« zu. Er darf über die Anzahl und die Erziehung der Kinder ebenso bestimmen wie über ihren Namen. Er entscheidet, wie und wo die Familie wohnt, ob eine Waschmaschine angeschafft wird oder die betagten Eltern mit im Haushalt leben. Sogar das Vermögen der Frau, das sie in die Ehe einbringt, obliegt seiner Nutzung. Berufstätigkeit ist ihr nur mit seinem Einverständnis erlaubt. Dagegen ist sie ausdrücklich zur Hausarbeit und Mitarbeit im Geschäft oder auf dem Hof verpflichtet. Einen Vermögensanspruch kann sie daraus allerdings nicht ableiten.

Elisabeth Selbert kennt die weibliche Rechtlosigkeit aus ihrer Anwaltspraxis. »Ich sehe im Geist eine lange Reihe von Frauen, die mir im Laufe der Jahre in meiner Sprechstunde gegenüber gesessen haben, Geschäftsfrauen, Landfrauen und andere, die in ihrer Ehe aus irgendwelchen Gründen Schiffbruch erlitten hatten«, erklärt sie bei einer Rundfunkansprache. »Wie groß war immer das Erschrecken dieser Frauen, die vielleicht ein ganzes Leben lang hinterm Ladentisch gestanden, als sogenannte Seele des Geschäfts oder des landwirtschaftlichen Anwesens den Wohlstand miterarbeitet, in Kriegsjahren allein erarbeitet hatten, wenn sie dann hörten, dass sie bei der Scheidung mit leeren Händen aus dem Hause gingen.«[57]

Es sind im Nachkriegsdeutschland besonders viele. Im Jahr 1948 ist die Zahl der Scheidungen im Vergleich zur Vorkriegszeit um fast das Vierfache auf 125.000 angestiegen.[58] Dafür gibt es mehrere Gründe. Etliche Ehen sind bei Ausbruch des Krieges überstürzt als Blitzehen geschlossen worden. Was sich für frisch Verliebte nach dem Einberufungsbefehl des Soldaten richtig anfühlte, entpuppt sich nach Kriegsende als Fehlentscheidung. Zudem haben die Frauen inzwischen notgedrungen selbst die Verantwortung für die Ernährung der Familie übernommen. Sie mussten während des Krieges die Kinder ohne Hilfe durchbringen, das Geschäft, die Firma oder den landwirtschaftlichen Betrieb retten. Das hat sie Kraft gekostet, aber auch ihr Selbstbewusstsein gestärkt. Jahrelang haben sie es alleine geschafft. Jetzt sollen sie sich plötzlich wieder ihren Männern unterordnen.

Die sind oftmals traumatisiert aus Krieg und Gefangenschaft zurückgekehrt. Sie reagieren verstört auf die heimischen Veränderungen. Die Kinder sind herangewachsen und die Mütter pflegen ihren eigenen Erziehungsstil. Manchmal haben sie gar nicht mehr mit der Rückkehr des Mannes gerechnet und sich neu verliebt. Umgekehrt ziehen sich auch Männer von ihren inzwischen gealterten Frauen zurück und lassen sich wegen einer Jüngeren scheiden. Den Schaden hat immer die Ex.

Elisabeth Selbert will damit endlich Schluss machen. Am 30. November steht ihr Antrag im Grundsatzausschuss auf der Agenda. Die Inhaberin einer Kasseler Kanzlei kann an dem Tag jedoch nicht selbst in Bonn sein. Sie rechnet gar nicht mit Gegenwind, so selbstverständlich erscheint ihr das Vorhaben. Ihre Genossin Friederike Nadig übernimmt es daher, die Formulierung vorzuschlagen. Elisabeth Selbert bleibt damit eine denkwürdige Diskussion im Grundsatzausschuss erspart. Wie die promovierte 52-jährige Mutter von zwei Söhnen, die mit tatkräftiger Unterstützung ihres Mannes auf dem zweiten Bildungsweg Abitur gemacht und das Juraexamen mit Auszeichnung bestanden hat, wohl auf die Äußerungen ihrer Kollegin Helene Weber von der CDU reagiert hätte?

Die Vertraute von Konrad Adenauer hat vor Hitlers Machtergreifung als Ministerialrätin im preußischen Wohlfahrtsministerium selbst Karriere gemacht. Die resolute Politikerin, die in diesem schlecht beheizten Winter in der Pädagogischen Akademie oft eine dicke Strickjacke trägt und zur Stärkung schwächelnder Kollegen immer eine Tafel Schokolade in der Tasche hat,[59] will künftig unbedingt mehr Frauen in staatlichen Institutionen sehen. Bereits 1932 warnte sie weitsichtig angesichts der nationalsozialistischen Verherrlichung alles Maskulinen vor dem

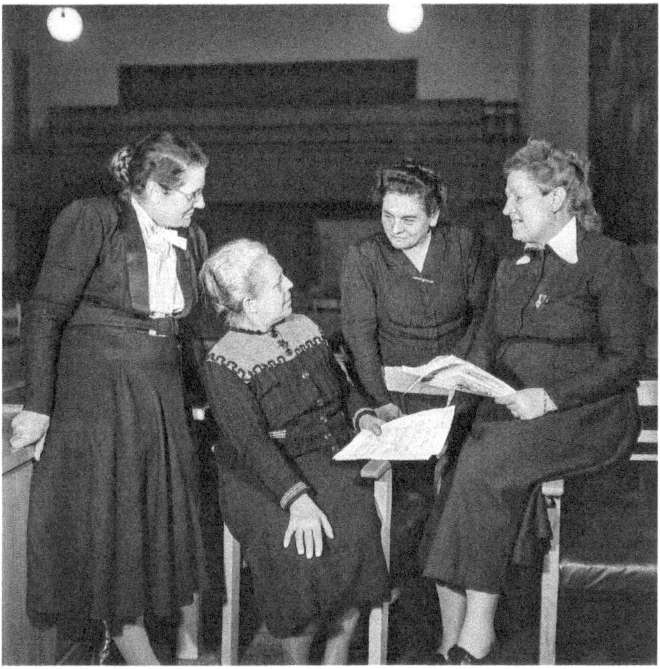

Vier Frauen gehörten dem Parlamentarischen Rat an. Von links: Helene Wessel (Zentrumspartei), Helene Weber (CDU), Friederike Nadig (SPD) und Elisabeth Selbert (SPD).

»männlich geprägten Staat«.[60] Im Parlamentarischen Rat tritt sie zudem resolut für das Recht der Frau auf gleichen Lohn bei gleicher Arbeit ein.[61]

Dennoch betont Helene Weber die Ungleichheit der Geschlechter und weist Müttern den Platz am heimischen Herd zu. Es sei »jammervoll, dass die Frau zu Ungunsten der Familie und der Kinder berufstätig sein muss. Das sind unheimliche Zustände, die wir gern ändern möchten.«[62] Ihr Fraktionskollege Hermann von Mangoldt stößt ins gleiche Horn: »Man kann sich nur schlecht vorstellen, dass der Mann, wenn eine Ehe mit Kindern vorhanden ist, die Kinder besorgen soll.«[63]

Die Rabenmütter-Kommentare verdeutlichen, wie klein die Welt noch Mitte des 20. Jahrhunderts für Frauen ist und wie verriegelt der häusliche Trakt der Familienpflege. Die starre Rollenzuschreibung wirkt aus heutiger Sicht gerade für junge Väter befremdlich. Die Betreuung und die dadurch gewonnene alltägliche Nähe zu den Kindern ist für sie in der Regel längst schönste Selbstverständlichkeit – auch wenn Frauen noch immer den größten Teil der Familienarbeit erledigen und oftmals beruflich zurückstecken.

Die alten Muster halten sich jedoch lang, was auch an der späten Novellierung des Familienrechts liegt. Es ist Elisabeth Selbert, die dafür überhaupt erst die Voraussetzung schafft.

So weit ist sie jetzt jedoch noch nicht. Im Grundsatzausschuss lehnen die Parlamentarier ihren schlichten Satz ab und beschließen die Formulierung aus der Weimarer Verfassung: »Alle Menschen sind vor dem Gesetz gleich. Männer und Frauen haben dieselben staatsbürgerlichen Rechte und Pflichten.«[64] Unter den »staatsbürgerlichen Rechten« verstehen die Juristen damals jedoch nur das Wahlrecht und den Zugang zu öffentlichen Ämtern. Das antiquierte Ehe- und Familienrecht bliebe wie schon in der Weimarer Verfassung unangetastet.

Am 3. Dezember nimmt Elisabeth Selbert einen neuen Anlauf. Im Hauptausschuss beantragt sie dieses Mal persönlich, in den Gleichheitsartikel den Satz aufzunehmen: »Männer und Frauen sind gleichberechtigt.« Sie weiß, dass jetzt wieder das große »Aber« kommt, der Hinweis auf die rechtlichen Konsequenzen. Geschickt erinnert die promovierte Juristin daher an die Übergangsbestimmung, die sie längst mit der SPD-Fraktion ausgearbeitet hat. Bis zum 31. März 1953 wäre Zeit, das BGB zu reformieren und an die Verfassung anzupassen. »Alle ›Aber‹ sollten hier ausgeschaltet sein«, erklärt sie und fügt hinzu: »Die Frau, die während der Kriegsjahre auf den Trümmern gestanden und den Mann an der Arbeitsstelle ersetzt hat, hat heute einen moralischen Anspruch darauf, so wie der Mann bewertet zu werden.« Schließlich wirft sie ihr letztes Pfund in die Waagschale und verweist auf den Überschuss von sieben Millionen Frauen im Nachkriegsdeutschland. Auf 100 männliche Wähler kommen 170 weibliche Stimmen, rechnet sie der Runde vor. »Man wird kein Verständnis für unsere ›Aber‹ haben.«[65]

Vergeblich. Die konservativen Fraktionen schlagen ihre Warnung in den Wind und lehnen Selberts Satz mit elf zu neun Stimmen erneut ab. Es soll bei der Formulierung aus der Weimarer Verfassung bleiben und damit beim alten Bürgerlichen Gesetzbuch. Die Adventszeit beginnt alles andere als besinnlich.

Immerhin geht es mit den anderen Grundrechten voran. Freie Rede und Gegenrede etwa sind für alle Parlamentarier eine Selbstverständlichkeit. Schließlich fordern Republikaner seit fast 200 Jahren die unzensierte Kommunikation. Bereits die amerikanische Virginia Bill of Rights bezeichnet im Jahr 1776 die Pressefreiheit als »one of the great bulwarks of liberty«, eines der großen Bollwerke der Freiheit. Die französische Erklärung der Menschen- und Bürgerrechte von 1789 nennt die Gedanken- und Meinungsfreiheit »un des droits les plus précieux de l'homme«, eines der wertvollsten Menschenrechte. In Deutschland garantiert erstmals die Bayerische Verfassung von 1818 die »Freyheit der Presse und des Buchhandels«, bevor die Paulskirchenverfassung von 1849 sie »durch Wort, Schrift, Druck und bildliche Darstellung« präzisiert. [66]

In der Bonner Runde geht es beim Artikel 5 daher nur um Stilfragen und Präzision. Am Ende heißt es: »Jeder hat das Recht, seine Meinung in Wort, Schrift und Bild frei zu äußern und zu verbreiten und sich aus allgemein zugänglichen Quellen ungehindert zu unterrichten.« Es folgt ein zweiter Satz, der neben der klassischen Berichterstattung durch Zeitungen, Zeitschriften und Radio das neue Fernsehen berücksichtigt: »Die Pressefreiheit und die Freiheit der Berichterstattung durch Rundfunk und Film werden gewährleistet. Eine Zensur findet nicht statt.«[67] Damit ist neben der individuellen Meinungsfreiheit auch die Institution der Presse und des Rundfunks vor der Einflussnahme des Staates geschützt.

Was als Selbstverständlichkeit erscheint, wird Regierenden schnell lästig. Autokraten heben als Erstes die Pressefreiheit auf und klemmen damit die Sauerstoffzufuhr ab, ohne die der demokratische Organismus stirbt. Eine vom Volk gewählte Regierung hat dagegen die Macht nur auf Zeit inne. Sie muss vor der Öffentlichkeit bestehen, die sich ihre Meinung durch unabhängige Berichterstattung bildet. Das ist die Aufgabe von Journalisten. Dem Präsidenten des Parlamentarischen Rates müsste diese Erkenntnis eigentlich in Fleisch und Blut übergegangen sein. Als erster Kanzler der Bundesrepublik wird Konrad Adenauer jedoch später einen politischen Machterhaltungstrieb entwickeln, der den Artikel 5 ignoriert. Dem Bundesverfassungsgericht wird die Aufgabe zufallen, ihn darin zu stoppen.

Es ist das Jahr 1960, als der politische Marathonläufer bereits dem Ende seiner dritten Kanzlerschaft entgegensieht. Anstatt sich in den Rhöndorfer Garten zurückzuziehen, will es der 84-Jährige noch einmal wissen. Hilfreich für den Wahlkampf und die vierte Kanzlerschaft könnte ein staatlich gesteuertes zweites Fernsehprogramm als Gegengewicht zur kritischen ARD sein. Auf Wunsch des Kanzlers und seines Kabinetts soll es am 1. Januar 1961 auf Sendung gehen. Das Bundesverfassungsgericht stoppt jedoch die Deutschland-Fernsehen-GmbH im Dezember per einstweiliger Anordnung.[68] Der Grund: Das Projekt verstößt gegen den zweiten Satz in Artikel 5 und damit gegen die Staatsfreiheit des Rundfunks.[69] Die Karlsruher Verfassungshüter verhindern damit, dass rechtzeitig vor den Bundestagswahlen im September ein regierungsnaher Sender mit regierungsfreundlichem Programm startet. »Es steht seitdem fest, dass ein vom Staat direkt oder unter seinem Einfluss ausgestrahltes Fernsehprogramm mit dem Grundgesetz unvereinbar ist«, betont Dieter Grimm, ehemaliger Richter am Bundesverfassungsgericht.[70]

Fünf Jahre später bekräftigen die Karlsruher Richter mit dem Spiegel-Urteil die Rolle der vierten Gewalt für die Demokratie. Damals hatte Herausgeber Rudolf Augstein das Bundesverfassungsgericht angerufen, nachdem die Spiegel-Redaktion auf Betreiben des damaligen Bundesverteidigungsministers Franz-Josef-Strauß durchsucht und Augstein sowie führende Mitarbeiter verhaftet worden waren. Die Causa ist als Spiegel-Affäre in die Geschichte der jungen Bundesrepublik eingegangen. Die Karlsruher Richter wiesen zwar die Verfassungsbeschwerde zurück, weil vier der acht Richter dagegenstimmten. Gleichzeitig erklärten sie den Deutschen, die 20 Jahre nach dem Ende des Nazi-Regimes immer noch Lernende in Sachen Demokratie waren, die Aufgabe von Journalisten: Eine freie, keiner Zensur unterworfene Presse sei ein Wesenselement des freiheitlichen Staates und für die moderne Demokratie unentbehrlich. Der Bürger brauche Informationen, um politische Entscheidungen treffen zu können. »Er muss aber auch die Meinungen kennen und gegeneinander abwägen können, die andere sich gebildet haben«, heißt es in der Urteilsschrift. »Die Presse hält diese ständige Diskussion in Gang; sie beschafft die Informationen, nimmt selbst dazu Stellung und wirkt damit als orientierende Kraft in der öffentlichen Auseinandersetzung.«[71] Die Urteile unterstreichen die Bedeutung des Karlsruher Gerichts. Als Hüter der Verfassung wird es deren Anwendung in einer sich ständig verändernden Gesellschaft immer wieder aufs Neue justieren.

Beim Asylrecht gibt es für die Bonner ebenfalls kein Vertun. Die Verfolgten des NS-Regimes, darunter etliche Parlamentarier der SPD und KPD, hatten große Schwierigkeiten, im Ausland Schutz zu finden. In der Schweiz und in den USA herrschten strenge Einreisebestimmungen. Schätzungsweise 500.000 Menschen gelang es trotzdem, sich zunächst in die europäischen Nachbarländer und später vor der vorrückenden deutschen Wehrmacht nach Übersee zu retten.[72] Millionen kamen dagegen nicht mehr raus und gerieten in die Fänge der Nazis.

Die Diskussion über das Asylrecht bleibt daher ebenso überschaubar wie eindrücklich. Im Hauptausschuss taucht die Frage auf, ob man etwa italienischen Faschisten auf der Flucht vor der heimischen Strafverfolgung Unterschlupf gewähren wolle. Der badische Justizminister Hermann Fecht von der CDU fürchtet, man sei »unter Umständen genötigt, in Massen Leute aufzunehmen, die mit unserer Auffassung und mit unserem Gesetz vollständig in Widerspruch stehen«.[73] Mit der Sorge bleibt er jedoch weitgehend alleine. »Asylrechtgewährung ist immer eine Frage der Generosität«, stellt Carlo Schmid klar, »und wenn man generös sein will, muss man riskieren, sich gegebenenfalls in der Person geirrt zu haben.«[74]

Der Staatsrechtler Hermann von Mangoldt (CDU) aus Schleswig-Holstein pflichtet ihm bei. Er wurde als Experte für internationales Recht in Tübingen auf jenen Lehrstuhl berufen, der Carlo Schmid wegen politischer Unzuverlässigkeit verwehrt blieb. Das trägt der ihm jedoch nicht nach.[75] Beide gehören im Parlamentarischen Rat zu den Wortführern für das Asylrecht. Als die Mitglieder des Hauptausschusses am 4. Dezember über mögliche Einschränkungen diskutieren, werfen sich die beiden verbal die Bälle zu:

Hermann von Mangoldt: »Dann müsste an der Grenze eine Prüfung durch die Grenzorgane vorgenommen werden. Dadurch würde die ganze Vorschrift völlig wertlos.«

Carlo Schmid: »Dann beginnt das Spiel: man schickt den Mann zurück oder man schickt ihn an die andere Grenze, und von dort geht es wieder weiter.«

Hermann von Mangoldt: »Wir haben unsere Erfahrungen aus dem Krieg.«[76]

Es bleibt schließlich bei der humanitären Position. Das ist aus heutiger Sicht angesichts der gern bemühten Metapher vom vollen Boot bemerkenswert.[77] Im Nachkriegsdeutschland ist das Boot derart überfüllt, dass es in der Logik der Warner eigentlich wie ein Stein hätte sinken müssen. In den zerstörten Städten gibt es keinen Quadratmeter freien Wohnraum. Zusätzlich drängen 12,5 Millionen Menschen aus den ehemaligen deutschen Ostgebieten in die Trümmer. Sie hausen in Lagern und mobilen Unterkünften aus Wellblech, den sogenannten Nissenhütten.

Im Winter 1948/49 können die Parlamentarier zudem nichts von dem dynamischen Aufbau erahnen, der schon bald einsetzt. Woher sollen sie auch wissen, dass es einen Wirtschaftsboom geben wird, den all die zugewanderten Fachkräfte aus den ehemaligen deutschen Ostgebieten überhaupt erst ermöglichen? Trotzdem beschließen die Eltern des Grundgesetzes, »generös« zu sein und die Arme auszubreiten. Im Hauptausschuss votieren 19 von insgesamt 21 stimmberechtigten Mitgliedern für den zweiten Absatz im Artikel 16: »Politisch Verfolgte genießen Asylrecht.«[78]

Als sich 1992 die Zahl der Asylbewerber kurzfristig auf 440.000 im Vergleich zum Vorjahr verdoppelt (von denen allerdings nur gut vier Prozent anerkannt werden) und rassistische Anschläge wie in Mölln und Rostock-Lichtenhagen die Politik unter Druck setzen, reagiert der Gesetzgeber und schränkt das Asylrecht ein.[79] Der Bundestag beschließt mit der notwendigen Zweidrittelmehrheit eine Verfassungsänderung. Sie ist in Worten 70 mal länger als der alte Satz.[80] Der neue Artikel 16a ist zu einer Verwaltungsvorschrift geraten, sind sich die Experten einig. »Mit ihren technischen Details ist sie kaum verständlich«, sagt der Verfassungsrechtler Bodo Pieroth.[81] Von einem »vermurksten Grundrecht« spricht der ehemalige Richter am Bundesverfassungsgericht, Wolfgang Hoffmann-Riem, und fügt hinzu: »Die Weisheit des Grundgesetzes besteht auch in seiner Kargheit.«[82]

Im Jahr 1948/49 arbeitet die Bonner Runde nach dem Prinzip »Weniger ist mehr«. Ins Grundgesetz kommen, wie es sich für eine Verfassung gehört, nur die wesentlichen Normen und Werte. Die konkrete Ausgestaltung dagegen ist Sache der Politik. Die reagiert mit entsprechenden Gesetzen und Verordnungen auf gesellschaftliche Veränderungen – gegebenenfalls auch zum Asylrecht.

Wenn es in allen Fragen so viel Einmütigkeit gäbe wie bei den meisten Grundrechten, wäre das Grundgesetz tatsächlich bis Weihnachten fertig. Doch die Verhältnisse, wie es in der Dreigroschenoper heißt, sie sind nicht so.

3. Das Gespenst des Dritten Weltkrieges

Die Stimmung schwankt zwischen Bangen und Hoffen. Ganz Europa blickt nach Berlin, wo der Kalte Krieg jeden Tag in einen heißen umschlagen kann. Im November sorgt schlechtes Wetter für Komplikationen bei der Luftbrücke. Nebel, Graupel- und Schneeschauer erschweren die Landung in Berlin. Seit Beginn des »air lifts« sind bereits 30 Piloten, Mechaniker und Navigatoren bei den gefährlichen Einsätzen ums Leben gekommen. Wie hatte das Mädchen mit den abgewetzten Hosen und den zu großen Schuhen im Sommer am Rande des Tempelhofer Flugfelds zu Hal, dem Candy-Piloten, gesagt? »Hoffentlich ist die Blockade im Herbst beendet. Ab Anfang Winter können Sie uns vielleicht gar nichts mehr bringen.« Inzwischen ist es bald Weihnachten, und die Stadt ist immer noch abgeriegelt. Die Ernährung der Menschen, ihre Versorgung mit Medikamenten, Strom und Heizmaterial hängt mehr denn je von den Besatzern ab.

Die lassen die Berliner nicht hängen, sondern verstärken die Luftbrücke trotz aller Gefahren für das Leben der eigenen Leute. In Tempelhof gibt es zu wenig Landebahnen? Der neue Flughafen in Tegel wird von den Franzosen in Rekordzeit fertiggestellt. Nach nur drei Monaten landet am 5. November darauf die erste Transportmaschine mit Hilfsgütern.[1] Es mangelt an großen Flugzeugen, um die Stadt mit ausreichend Kohle für den Winter zu versorgen? US-Präsident Harry S. Truman setzt weitere 66 Transportmaschinen vom Typ Skymaster Richtung Berlin in Marsch. Sogar aus Australien und Südafrika werden Flieger für den Einsatz in Deutschland abgezogen. Es fehlt Personal, um die vielen Maschinen zu fliegen, zu warten und auf Kurs zu halten? Die US Air Force holt 10.000 Piloten, Bordingenieure und Fluglotsen vom vorübergehenden Einsatz bei zivilen Airlines zurück in den aktiven Dienst und beordert sie zur Luftbrücke.

Mit Erfolg, die Transportleistung steigt. Am 9. Dezember gibt es mit 6.133 Tonnen einen neuen Tagesrekord.[2] Kohle und Mehl machen einen Großteil der Fracht aus, aber auch Babycreme und Papier für Zeitungen. Sogar VW-Käfer aus Wolfsburg werden in den Bauch der Transportmaschinen bugsiert und als Streifenwagen für die Westberliner Polizei eingeflogen.

Hal, der Candy-Pilot mit den Wackelflügeln, ist inzwischen eine Berühmtheit. Weil sich mittlerweile zu viele Kinder am Tempelhofer Flugfeld drängen, wirft er Schokolade über Spielplätzen, Parks und Schulen ab.[3] Nachdem er Bittbriefe von Ostberliner Kindern erhalten hat, lässt Hal auch über dem sowjetischen Sektor Süßigkeiten hinabsegeln. »Das Gesetz der Schwerkraft gilt schließlich auf beiden Seiten der Grenze«, schreibt er in seinen Erinnerungen. Die Lage der Kinder sei im Osten der Stadt genauso trostlos wie im Westen. Die Sowjets verbitten sich jedoch derartige Aktionen über ihrem Hoheitsgebiet. Es sei ein kapitalistischer Trick, um die Jugend gegen die Sowjetunion einzunehmen. Der »Candy-Bomber« darf nur über den westlichen Sektoren fliegen.[4]

Als ihm Taschentücher und Schnüre für die Fallschirme ausgehen, sorgen Auftritte im amerikanischen Radio und Fernsehen für Nachschub. Schulen und Unternehmen aus Übersee überbieten sich gegenseitig mit Spenden für die Berliner Kinder. Amerikaner richten Sammelstellen etwa in Massachusetts ein und organisieren den Transport nach Deutschland. Neben Schokolade und Kaugummi liefern sie Tausende Meter Bindfaden und ballenweise Stoff für die Fallschirme.[5]

Die Entschlossenheit, mit der die westlichen Besatzer der Blockade ebenso trotzen wie die Berliner, macht die SED im Osten der Stadt nervös. Am 1. Dezember meldet der Tagesspiegel per Schlagzeile einen »kommunistischen Staatsstreich«. Die SED hat den in den Westteil ausgewichenen Großberliner Magistrat für abgesetzt erklärt und mit bestellten Delegierten einen neuen Gegen-Magistrat »gewählt«. Der ist nur im sowjetischen Sektor zuständig, da Amerikaner, Briten und Franzosen die illegale Regierung nicht akzeptieren.

Die SED will mit dem Putsch einem peinlichen Debakel zuvorkommen. Sie entzieht sich damit der Wahl zur Großberliner Stadtverordnetenversammlung, die sie erdrutschartig zu verlieren droht. Der Urnengang soll am 5. Dezember stattfinden, jetzt allerdings nur noch in Westberlin.[6] Die Stadt ist gespalten. Was Louise Schroeder unbedingt verhindern wollte, ist eingetreten.

Die amtierende Oberbürgermeisterin hat nach ihrer Erkrankung eine Kur in Bad Nauheim angetreten. Gegen den

Willen der Ärzte steht sie im heißen Herbst 1948 vom Sanatorium aus in ständigem Kontakt mit ihrem Büro.[7] Erst Ende November darf Louise Schroeder nach dreimonatiger Abwesenheit wieder zurück nach Berlin.

Die SPD weiß, was sie an der beliebten Politikerin hat und setzt sie als Zugpferd für die Wahlen ein. Neben dem Volkstribun Ernst Reuter, der erneut für das Amt des Oberbürgermeisters kandidiert, ist auch Schroeder nominiert. Auf Plakaten prangt der Slogan: »Wer klug ist, der wählt diese – unsere Louise.«[8]

Trotz monatelanger Abwesenheit bleibt sie in der Berliner Öffentlichkeit präsent. Unter der Überschrift »Noch von ihrem Krankenlager« veröffentlicht der Tagesspiegel einen Wahlaufruf, den Louise Schroeder im Sanatorium per Hand geschrieben hat. In fließender Schrift befeuert sie darin den Durchhaltewillen der Bevölkerung. »Das Bewusstsein, dass wir nicht nur für unser persönliches Schicksal, sondern für Humanität und Frieden in Deutschland und der Welt kämpfen, lässt uns fest zusammenstehen und gemeinsam Schmerz ertragen.« Schließlich beschwört sie die Wahlberechtigten, »ob Mann, ob Frau, ob jung, alt«, ihre Stimme abzugeben. »Jeder Nichtwähler dient der Sache der Gegner politischer und persönlicher Rechte und eines einheitlichen Berlins.«[9]

Mit Erfolg. Die Wahlbeteiligung liegt trotz eines Boykottaufrufs der SED bei über 86 Prozent, die SPD holt mit 64,5 Prozent der Stimmen das beste Ergebnis aller Zeiten. Louise Schroeder muss allerdings nicht wieder ran. Sie zieht zwar erneut in die Stadtverordnetenversammlung ein und gehört dem Magistrat an. Die Parteisoldatin tritt jedoch ohne Aufhebens zurück in die zweite Reihe. Gerne widme sie sich wieder der Arbeit, »die mir den größten Teil meines Lebens Erfüllung gewesen ist«, erklärt sie vor den Stadtverordneten, »jene soziale Sorge für alle die, die dieser Sorge bedürfen und die hier in Berlin zahlreicher sind, als in irgendeiner anderen Stadt.«[10] Sie übernimmt wie zuvor als stellvertretende Bürgermeisterin im Westberliner Magistrat das Ressort für Sozialpolitik.

An der Spitze der Stadt steht Ernst Reuter. Auf die Zustimmung der Sowjets ist er nun nicht mehr angewiesen. In seiner Rede nach der Wahl bedankt er sich bei der Genossin, »vor der wir uns alle in Hochachtung und Respekt verneigen«. Sie habe 19 Monate lang »unter ungewöhnlich schwierigen Verhältnissen und unter schwerer Beeinträchtigung ihrer Gesundheit das Amt des Oberbürgermeisters geführt«.[11]

Ernst Reuter, der in den vergangenen Monaten engen Kontakt zum amerikanischen Militärgouverneur Clay gehalten und die Westdeutschen auf die Staatsgründung eingeschworen hat, regiert jetzt offiziell die Frontstadt des Kalten Krieges. Täglich muss er mit dem Einmarsch der Sowjets rechnen. Schließlich ist Westberlin für Amerikaner, Briten und Franzosen ein strategisch bedeutsamer Vorposten mitten in der sowjetischen Besatzungszone. Er steckt wie ein Stachel im Fleisch der kommunistischen Machthaber. Was ist, wenn sie den einfach rausziehen und die westlichen Sektoren besetzten? Im nächsten Schritt würden sie den sowjetischen Einflussbereich womöglich auf ganz Deutschland ausdehnen. Die Gründung eines westdeutschen Staates und dessen spätere Integration in einen Nordatlantikpakt könnte den Plan jedoch vereiteln.[12] Wie wird der Kreml-Chef damit umgehen? Nie zuvor war die

Angst vor dem Dritten Weltkrieg so groß wie in den letzten Wochen des Jahres 1948.[13]

Die Arbeit an der neuen Verfassung ist für den Parlamentarischen Rat daher ein Wettlauf gegen die Zeit. Die Bonner Runde will das Grundgesetz unbedingt vor einer kriegerischen Eskalation unter Dach und Fach bringen. Frieden schaffen mit Paragrafen. Die Gefahr ist derart allgegenwärtig, dass Konrad Adenauer die Fraktionskollegen zur Eile mahnt. Im Frühjahr sei mit einem Krieg zu rechnen. Bei den Amerikanern erkundigt er sich sogar nach seiner persönlichen Sicherheit im Falle einer russischen Invasion.[14] Schließlich hat er schon mal als politischer Häftling gesessen, damals im Gestapogefängnis in Brauweiler. Der Präsident des Parlamentarischen Rates kann sich leicht ausmalen, was ihm als prominentem Vertreter des künftigen Weststaates unter bolschewistischer Herrschaft blüht.

Wenn die Arbeit am Grundgesetz doch nur schneller voranginge. Konrad Adenauer weiß, dass die Besatzungsmächte weiterhin miteinander verhandeln. Was, wenn sich Amerikaner und Russen einigen und den geplanten Weststaat in letzter Minute absagen?[15] Es ist ein Horrorszenario für den Alten. Die erhoffte Souveränität für die Westdeutschen würde in weite Ferne rücken, ebenso die Aussicht auf freie Wahlen in einem demokratischen Rechtsstaat. Der Präsident verfolgt daher mit zunehmender Nervosität, wie schleppend die Beratungen im Parlamentarischen Rat verlaufen. Staatsphilosophische Fragen interessieren ihn, im Gegensatz zu Carlo Schmid, wenig. Um die Ausgestaltung und Formulierung der Verfassungsartikel kümmert er sich kaum.[16] Die inhaltliche Arbeit überlässt er anderen.

Nicht ein einziges Komma soll er in den Verfassungstext gesetzt haben, wird Theodor Heuss später betonen. Adenauer kommt es vor allem darauf an, das Grundgesetz ohne Konflikt mit den Besatzungsmächten fertigzustellen und mit ihm regieren zu können.[17] Leider fehlt es bislang an der nötigen Kompromissbereitschaft unter den Parlamentariern.

4. Der große Streit

Es knirscht im Getriebe der Verfassungswerkstatt vor allem wegen der Kontroversen um den Staatsaufbau. CDU und CSU wollen mit einem Bundespräsidenten an der Spitze den staatlichen Charakter der künftigen Bundesrepublik betonen. Die SPD ist dagegen. Solange die westdeutschen Zonen unter Besatzungsrecht stehen, müsse man am Provisorium festhalten. Ein Staatsoberhaupt sei vor diesem Hintergrund das falsche Signal. Zudem ist die SPD-Spitze davon überzeugt, dass Konrad Adenauer selbst auf das höchste Amt schielt. Regelmäßig meldet sich der Präsident des Parlamentarischen Rates staatstragend im In- und Ausland zu Wort. Er schickt im Namen der Deutschen dem schwedischen Roten Kreuz ein Beileidstelegramm wegen der Ermordung seines Vizepräsidenten und UN-Gesandten für Palästina, des Grafen Bernadotte. Er fordert Ludwig Erhard, den Wirtschaftsdirektor der Bizone, auf, mit allem Nachdruck unbegründete Preissteigerungen zu vermeiden.[1] Der Alte will offensichtlich auch in der künftigen Bundesrepublik eine führende Rolle spielen, so selbstbewusst, wie er in der Öffentlichkeit auftritt.

Die nimmt ihn sehr ernst. Erst kürzlich hat der 25-jährige Spiegel-Gründer Rudolf Augstein eine wohlwollende Titelgeschichte über den Mann veröffentlicht, der »vorläufig höchste Staatsperson über 47 Millionen Westdeutsche ist«. Er bescheinigt Adenauer »die besten Aussichten, Staatspräsident des neuen amerikanisch inspirierten westdeutschen Staates zu werden«.[2]

Der neue westdeutsche Staat ist jedoch alles andere als ein Selbstläufer. Die Arbeit am Grundgesetz stockt. Es herrscht ein Patt zwischen den konservativen Parteien CDU/CSU, Deutsche Partei und dem Zentrum einerseits sowie SPD und FDP andererseits. Neben der Kontroverse um das Amt des Bundespräsidenten streitet die Bonner Runde wie schon auf Herrenchiemsee über die föderalistische Struktur des Landes. Es soll ein Bundesstaat werden, darüber sind sie sich noch einig. Schließlich fordern die Alliierten eine Verfassung »föderalistischen Typs«.

Der Begriff geht auf das lateinische »foedus« zurück und bedeutet Bund. Mehrere Länder sind zu einem Bundesstaat zusammengeschlossen. Sowohl der Bund als auch die Länder haben eigene gesetzliche und territoriale Kompetenzen. Beide verfügen über staatliche Hoheitsrechte, die ein Durchregieren von oben verhindern und sich gegenseitig kontrollieren. Nach der Erfahrung mit dem Alleinherrscher Hitler liegt es für die Alliierten nahe, eine derartige Machtbarriere einzuziehen.

Hoch umstritten ist jedoch die konkrete Kompetenzverteilung. Werden die Länder maßgeblich bei der Gesetzgebung mitwirken, oder soll der Bund das letzte Wort haben? Damit verknüpft ist die Frage nach der Finanzhoheit. Wer darf welche Steuern erheben und verteilen, der Bund oder die Länder?

Wer das Geld hat, hat die Macht. Ernst Reuters Motto für die Einführung der D-Mark in Westberlin gilt auch für die Zukunft der Bundesrepublik. Konrad Adenauer weiß das genau und vermeidet föderalistische Festlegungen. Schließlich will er seine spätere Stellung nicht ohne Not schwächen, spekuliert der Spiegel.[3]

Bayern und die südwestdeutsche CDU beharren dagegen weiterhin auf der Vormacht der Länder. Ginge es nach ihnen, würden allein sie Zugriff auf die Steuern haben.[4] Bloß keine einheitliche Bundesfinanzverwaltung, die den Geldstrom von oben drosselt. Sie fordern zudem einen gleichberechtigten Bundesrat als starke zweite Kammer, in der Vertreter der Landesregierungen sitzen. Sie müssten jedem Gesetzesvorschlag zustimmen.[5]

SPD und FDP, aber auch Teile der CDU,[6] wollen dagegen einen zentralstaatlichen Aufbau mit einem starken Bund. Der soll die Finanzhoheit haben und einen Länderfinanzausgleich durchführen.[7] Nur so lassen sich überall in Deutschland vergleichbare Lebensbedingungen schaffen, hat Carlo Schmid bereits in Herrenchiemsee betont.[8]

Die Sozialdemokraten setzen damals auf eine antikapitalistische Wirtschaftspolitik mit Verstaatlichung der Schlüsselindustrien. Unter dem kultisch verehrten Vorsitzenden Kurt Schumacher wollen sie eine freiheitliche sozialistische Gesellschaftsordnung schaffen, die Antworten auf die Verarmung der Menschen im Nachkriegsdeutschland gibt und eine Massenverelendung wie in den 1920er-Jahren ausschließt. Voraussetzung dafür ist ein funktionsfähiger Bund, der nicht dauernd durch Blockaden der Länder gelähmt wird.

Antikapitalistische Visionen gelten damals keineswegs als Teufelszeug. In der CDU sind die Anhänger der christlichen Soziallehre mit planwirtschaftlichen Vorstellungen zeitweilig sogar in der Mehrheit. »Das kapitalistische Wirtschaftssystem ist den staatlichen und sozialen Lebensinteressen des deutschen Volkes nicht gerecht geworden«, schreibt die CDU der britischen Zone in ihrem Ahlener Programm von 1947. Die Wirtschaft bedürfe der Planung und Lenkung. Dazu gehöre auch die Verstaatlichung der Schwerindustrie. Etliche Christdemokraten stehen daher den föderalistischen Hardlinern aus dem Süden ebenso kritisch gegenüber wie die SPD. Der Streit geht quer durch die Parteien.

Konrad Adenauer sind beim Thema Antikapitalismus die eigenen Parteifreunde fremd.[9] Er lehnt die Planwirtschaft ab, wie er in seinen Erinnerungen schreibt.[10] Zum Glück gibt es Ludwig Erhard, den Zigarren paffenden Wirtschaftsdirektor der Bizone. In dem überzeugten Marktwirtschaftler findet der Alte den perfekten Kampfgefährten für eine liberale Ordnung. Mit dem Schlagwort der sozialen Marktwirtschaft gelingt es Konrad Adenauer, bis zum ersten Bundestagswahlkampf im Sommer 1949 seine Christdemokraten auf Kurs zu bringen.

Jetzt, im Winter, ist der Präsident des Parlamentarischen Rates davon jedoch weit entfernt. Wer weiß, ob das Grundgesetz jemals fertig wird. Anders als geplant, hat der Hauptausschuss bis Mitte Dezember noch nicht mal die zweite Lesung abgeschlossen. Was, wenn die Alliierten es sich anders überlegen und sich mit »den Russen« einigen?

Wie sollten die Deutschen jemals aus dem Schlamassel der Besatzung und staatlichen Unmündigkeit herauskommen?

Der Präsident des Parlamentarisches Rates hält daher kurzen Draht zu den Militärgouverneuren. Die müssen schließlich am Ende das Grundgesetz für den künftigen westdeutschen Staat genehmigen. Vielleicht könnten die Generäle ein wenig Druck auf den Bonner Debattierclub ausüben und die Dinge beschleunigen. Tatsächlich erinnern die Alliierten Ende November mit einem Memorandum an ihre föderalistischen Vorgaben. Dazu gehöre ein Zweikammersystem mit weitreichenden Befugnissen für die Länder.[11] Vor allem der französische General Koenig agiert weiterhin gegen eine starke deutsche Zentralmacht und befeuert die föderalistischen Hardliner.[12]

In der Pädagogischen Akademie herrscht dicke Luft. Kompromisse zu den strittigen Fragen scheinen in weiter Ferne. Die Abgeordneten sind ausgelaugt und überarbeitet. Zu allem Überfluss versuchen die Besatzungsmächte jetzt sogar, die Entscheidungsfreiheit der verfassungsgebenden Versammlung einzuschränken.

Adenauer hatte im September bei seiner Antrittsrede als Präsident die »völlige Freiheit und Unabhängigkeit« des Parlamentarischen Rates betont. Jetzt beschwört ihn Carlo Schmid in einer Sitzung des Ältestenrates, standhaft zu bleiben. »Der Zaun«, der die Autonomie des Bonner Gremiums schützt, dürfe »nicht lattenweise« abgerissen werden.[13]

Die Skepsis ist berechtigt. Konrad Adenauer hält es inzwischen für opportun, mit den Militärgouverneuren über Streitfragen »rechtzeitig Fühlung zu nehmen«.[14] Gespräche mit den alliierten Verbindungsstäben, der Bonner Nahtstelle zwischen dem Parlamentarischen Rat und den Militärgouverneuren, führt er ohnehin regelmäßig. Anfang Dezember hat er dem britischen Vertreter in Bonn unverblümt empfohlen, die Alliierten sollen zur Zusammensetzung des Bundesrates eine »strong direction«, eine klare Richtlinie, vorgeben.[15] Jetzt will er darüber persönlich mit den Generälen sprechen. Am 16. Dezember reist er an der Spitze einer siebenköpfigen Bonner Delegation nach Frankfurt. Das Treffen ist jedoch schlecht vorbereitet. Adenauer hat die Teilnehmer, zu denen auch Carlo Schmid und der ehemalige preußische Finanzminister Hermann Höpker-Aschoff von der FDP gehören, kaum über sein Anliegen informiert. Entsprechend unterschiedlich sind die Erwartungen.

Schmid und Höpker-Aschoff geht es vor allem um das Besatzungsstatut. Sie wollen endlich dessen Grundzüge erfahren. Schließlich müssen sie wissen, welchen rechtlichen Rahmen die Siegermächte für das Grundgesetz vorgeben und welche Kompetenzen sie der künftigen Bundesregierung überhaupt zugestehen. Wie sich kurz vor dem Treffen herausstellt, streiten die Alliierten jedoch noch immer über das Besatzungsstatut. Es ist noch nicht spruchreif und findet bei dem Gespräch mit den Deutschen nur am Rande Erwähnung.

Die Atmosphäre im Frankfurter IG-Farben-Gebäude ist gewohnt frostig.[16] Als die Bonner am Abend des 16. Dezember den Sitzungsraum betreten, erheben sich weder die Generäle noch ihre Begleiter, wie der Spiegel weiß. Nur Delegationsleiter Adenauer wird mit einem Handschlag beehrt. Betreten nehmen die Besucher die Plätze etwa

25 Meter von den Militärgouverneuren entfernt ein.[17] Wieder führt der französische General Koenig den Vorsitz. Er fordert die Deutschen auf, Fragen zu stellen. Die Antworten dazu würde es am nächsten Tag geben.

Konrad Adenauer erwähnt das Besatzungsstatut eingangs nur kurz.[18] Stattdessen thematisiert er die Differenzen im Parlamentarischen Rat über Finanzhoheit und die zweite Kammer. Dazu erbittet er »deutscherseits eine Klarstellung«.[19]

Carlo Schmid wahrt nur mit Mühe die Contenance. Nachdem die Generäle kurz darauf das Treffen beenden, stürmt er laut Spiegel-Bericht mit hochrotem Kopf aus dem Sitzungssaal und ruft aufgebracht auf Französisch aus: »Mir gefällt das Klima nicht.«[20] Adenauer habe sich entgegen vorheriger Absprachen nicht nach dem Besatzungsstatut erkundigt, sondern um eine Stellungnahme zum Konflikt im Parlamentarischen Rat gebeten. Er versuche, die Alliierten als Schiedsrichter für seine Zwecke einzuspannen, werfen ihm Carlo Schmid und Hermann Höpker-Aschoff vor.

Die Militärgouverneure entsprechen prompt der Bitte Adenauers um Klarstellung. Sie bekräftigen in einem Antwort-Kommuniqué den föderalistischen Staatsaufbau. Die Finanzgewalt soll weitgehend bei den Ländern liegen, eine mächtige zweite Kammer deren Interessen schützen.[21] Es ist ein alliiertes Machtwort zugunsten der föderalistischen Hardliner.

Damit hängt der Haussegen in der Parlamentarischen Akademie endgültig schief. Die SPD-Fraktion spricht Konrad Adenauer kurz vor Weihnachten das Misstrauen als Delegationsleiter aus. Die SPD-Spitze in Hannover will ihn sogar als Präsidenten des Parlamentarischen Rates absägen. Vielleicht lässt sich der Alte ja auf diesem Weg als Bundespräsident verhindern.[22] Der KPD kommt die Causa wie gerufen. Sie stellt ihrerseits einen Misstrauensantrag gegen den Präsidenten. Die Krise geht, befeuert von Pressemitteilungen und scharfen gegenseitigen Anklagen, als »Frankfurter Affäre« in die Geschichtsbücher ein. Sie wird sich erst im neuen Jahr bereinigen lassen.[23]

Elisabeth Selbert reist derweil »wie eine Wanderpredigerin« durchs Land, was wegen der zerstörten Brücken und Bahnlinien eine Strapaze gewesen sein dürfte. Vor Ort informiert sie Gewerkschafterinnen, Betriebsräte und Verbandsvertreterinnen über die fehlende Unterstützung für die Gleichberechtigung im Parlamentarischen Rat. Die Resonanz ist riesig. Die IG Metall mit 40.000 weiblichen Mitgliedern protestiert daraufhin ebenso wie die Frauenringe der britischen Zone und im Rheinland. Sämtliche weiblichen Abgeordneten der westdeutschen Landtage – mit Ausnahme Bayerns – fordern mit Eingaben die Gleichberechtigung im Grundgesetz. Sogar die vermeintlich konservativen Landfrauenverbände üben den Schulterschluss. Sie lassen von zwei Notaren ein Gutachten zum bestehenden Güterrecht erstellen. Es bestätigt, dass sie im Fall einer Scheidung oder beim Tod ihrer Männer keinen Anspruch auf den gemeinsam erarbeiteten Besitz haben. Die Gutachter fordern daher »die Ersetzung des derzeitigen Güterstandes durch eine bessere Regelung, weil ein Unrecht gegenüber der Frau beseitigt werden muss«.[24]

Mit Erfolg. Als der Hauptausschuss am 18. Januar zur nächsten Lesung in der Pädagogischen Akademie zusammentritt, ist die Stimmung umgeschlagen. Plötzlich ist in der CDU von einem »erfreulich lebhaften Widerhall in der Öffentlichkeit« die Rede. Walter Strauß, mit 48 Jahren einer der jüngeren Christdemokraten, erklärt: »Ich glaube, daß ich für die überwiegende Anzahl aller deutschen Männer und insbesondere aller deutschen Ehemänner spreche, wenn ich sage, daß der Grundsatz der Gleichberechtigung von Mann und Frau uns zum mindesten seit 1918 bereits so in Fleisch und Blut übergegangen ist, daß uns die Debatte etwas überrascht hat.« Dann räumt er ein: »Wir haben hier einen Fehler gemacht. Wir haben die Dinge zu juristisch und zu wenig politisch gesehen.«[25]

Als Nächstes rudert Helene Weber, die Frau mit der Schokolade in der Tasche, zurück: »Es liegt uns ja nichts an einer bestimmten Formulierung – wenn diese Formulierung unklar und unzureichend erscheint, dann wählen wir eine andere Formulierung.«[26]

So kommt es. Dieses Mal stimmt der Hauptausschuss einstimmig dem Vorschlag von Elisabeth Selbert für den zweiten Absatz im Gleichheitsartikel zu: »Männer und Frauen sind gleichberechtigt.« Für die nötige Reform des Zivilrechts setzt das Grundgesetz, wie von Selbert vorbereitet, die Frist bis zum 31. März 1953. So lange darf das alte, verfassungswidrige Recht gelten. Es dauert unter der Kanzlerschaft von Konrad Adenauer aber noch vier weitere Jahre, bis es novelliert wird. Erst am 3. Mai 1957 beschließt der Bundestag das Gleichberechtigungsgesetz. Die Zugewinngemeinschaft garantiert Frauen damit endlich ein Anrecht auf die in Ehen gemeinsam erarbeiteten Werte. Ab jetzt dürfen sie auch ihr Vermögen selbst verwalten. Nach langem parteipolitischen Ringen fällt zudem der sogenannte Gehorsamsparagraf, der dem Mann das alleinige Entscheidungsrecht in »allen das gemeinschaftliche eheliche Leben betreffenden Angelegenheiten« zuspricht. Frauen haben allerdings weiterhin den Haushalt zu führen und dürfen nur erwerbstätig sein, »soweit dies mit ihren Pflichten in Ehe und Familie vereinbar ist«. Erst 1977 verschwindet dieser Passus aus dem Bürgerlichen Gesetzbuch.

Für Konrad Adenauer glätten sich zu Beginn des neuen Jahres ebenfalls die Wogen. Das Misstrauensvotum gegen ihn scheitert. Theodor Heuss und Hermann Höpker-Aschoff von der FDP haben die Gemüter beruhigt. Carlo Schmid wirkt ebenfalls mäßigend auf seine Genossen ein, obwohl ihn Adenauer und die CDU-Presse scharf als »Hasardeur« attackieren, der mit den Franzosen paktiere.[27] Das Klima ist vergiftet. Bliebe es dabei, wäre die Weiterarbeit am Grundgesetz unmöglich. Am 3. Januar reist Carlo Schmid daher zum kranken Kurt Schumacher nach Hannover, um dem SPD-Vorsitzenden das Misstrauensvotum gegen Adenauer als Präsidenten des Parlamentarischen Rates auszureden.[28] Einem Freund klagt er im Februar 1949 in einem Brief von seiner Arbeitsüberlastung. »Wenn man ans Schaltbrett gestellt ist, von dem aus die Ströme gesteuert werden«, müsse man »immerdar das Aufblühen der roten und grünen Lämpchen« beobachten. Und da die Elemente im Bereich des Politischen nie schlafen und auch im Zustand der Ruhe immer bedrohlich seien, »bleibt nichts übrig, als selbst zu einer Funktion dieses Schaltmechanismus zu werden«.[29]

Zwei Tage später besinnen sich die Scharfmacher. Nachdem die beiden großen Fraktionen ein letztes Mal die gegenseitigen Vorwürfe wiederholen, raufen sich deren Vertreter am 5. Januar zusammen. Man unterstelle einander keine unlauteren Absichten und wolle sich wieder der gemeinsamen Arbeit am Grundgesetz widmen, heißt es in einer Stellungnahme.[30] Erstaunlich, wie schnell so etwas manchmal geht.

Adenauer feiert an diesem Tag seinen 73. Geburtstag. Carlo Schmid gratuliert ihm zu Beginn der Hauptausschuss-Sitzung offiziell und wünscht dem Präsidenten im Namen der Mitglieder alles Gute.[31] Der Sturm hat sich gelegt. Adenauer sitzt wieder fest im Sattel des Parlamentarischen Präsidiums. Er führt die Sitzungen souverän und lockert sie mit Humor auf.

Einmal fordert er seinen Gegenspieler Carlo Schmid heraus. Es geht um den Gobelin, der als stolze Leihgabe der Stadt Bonn in der Aula der Pädagogischen Akademie hängt. »Herr Professor«, ruft Konrad Adenauer den Fraktionsvorsitzenden der SPD ironisch auf. »Können Sie uns eine Sinndeutung dieses Gobelins geben?« Falls es ein Versuch ist, den Kontrahenten vorzuführen, zieht Adenauer den Kürzeren. Carlo Schmid reagiert, als hätte er nur auf die Gelegenheit gewartet. Der Gobelin thematisiert den »Raub der Europa« aus der griechischen Mythologie. Die Geschichte der Entführung der jungen Prinzessin Europa durch den Göttervater Zeus hat der begeisterte Altsprachler selbstredend im Original gelesen. Wie alle Sagen der alten Griechen ist sie fester Bestandteil seines stets abrufbaren Bildungskanons. Selbstverständlich kennt er von seinen Romreisen auch das berühmte Gemälde des italienischen Renaissance-Künstlers Paolo Veronese »Raub der Europa« in den kapitolinischen Museen. Nun soll er also diesen Wandteppich interpretieren. Es wäre doch gelacht, wenn er dazu nicht eine Pointe auf Lager hätte.

Carlo Schmid (Mitte) verfolgt belustigt eine Rede des kommunistischen Abgeordneten Heinz Renner in der Aula der Pädagogischen Akademie, an der Wand hängt der Gobelin.

Carlo Schmid erhebt sich von seinem Platz und geht mit federndem Schritt durch die Aula bis zum Gobelin. Er legt den Kopf in den Nacken, blickt hoch und deutet das antike Motiv kurzerhand zur Metapher auf die aktuelle Situation um. »Die Steintreppe im Vordergrund ist der Aufgang zur Demokratie«, legt er los. »Sie zeigt den Weg an, den wir nach den Intentionen der Alliierten stufenweise beschreiten müssen.« Als Nächstes nimmt er das rote Tuch ins Visier, das vor dem Treppenaufgang von den Bäumen zur Rechten bis zur Linken gespannt ist. »Das ist die

SPD«, erklärt Schmid. »Wer zu Demokratie hinstrebt, wird an ihr nicht achtlos vorbeigehen können.« Den Stab des Götterboten Merkur auf der untersten Stufe der Treppe erklärt er zum Sinnbild der Freien Demokraten, die Kuh im Hintergrund zur CDU. Einen Dornenstrauch am Rand macht er zur KPD. »Am Firmament ist ein Gewitter vorüber gezogen«, kommt Schmid schließlich zum Ende. »Die Blitze aus dem Kampfwagen des Kriegsgottes am Himmel sind erloschen. Das Bild trifft auf die Alliierten zu.« Für die spontane rhetorische Leistung und die schlagfertige Antwort auf die Herausforderung gibt es Beifall von allen Seiten.[32]

Carlo Schmid liebt es, seine Bildung jederzeit unterhaltsam zum Besten zu geben. Beim Deklamieren und Dichten erholt er sich von den Grabenkämpfen im Parlamentarischen Rat. Wie anders lässt sich erklären, dass er im hektischen Januar 1949 abends auch noch Zeit zum Schreiben einer »Parlamentarischen Elegie« findet. Der Streit mit Konrad Adenauer über dessen Verhalten gegenüber den Militärgouverneuren hat ihn geschlaucht und mal wieder zum tiefen Bücken gezwungen. Die Spottverse, die er in geselliger Runde binnen weniger Minuten ausheckt und in Stenografie-Kürzeln zu Papier bringt,[33] dürften ihn wiederaufgerichtet haben:

»Hoch über allen thront Konrad, dem sinnenden Gotte vergleichbar,
Und wie es Fürsten geziemt, mischt er sich selten dem Volk.«

In Anspielung auf die »Frankfurter Affäre« heißt es weiter:

»Doch einmal stieg er hernieder,
Wollte sein wie das Volk, stürzen sich ins Gewühl
Dort, wo den grünlichen Main der Franken Furt überqueret –
Nicht ihm zum Heil: wer da thront, halt' dem Gewühle sich fern!
Sieh, als er kam aus der Fremdlinge Zelten, da fiel ihm vom Himmel
Unversehens ein Stein schwer auf den göttlichen Zeh.
So sind die Moiren: du ziehst hinaus und haschst nach dem Kranze
Und statt hoch im Triumph, kehrest du humpelnd nach Haus.«[34]

Konrad Adenauer lässt die Spitze an sich abprallen. Er hat ebenfalls Sinn für Humor. Außerdem braucht er den gemäßigten Sozialdemokraten für den großen Kompromiss in der Verfassungswerkstatt. Entschlossen macht sich der Alte daher daran, den Konflikt um den Föderalismus zu lösen. Sowohl Christ- als auch Sozialdemokraten beharren jedoch auf ihren gegensätzlichen Positionen. Vor allem die CSU lehnt jedes Zugeständnis ab. Für das Grundgesetz scheint eine Mehrheit in weiter Ferne.

Drüben lockt derweil Stalin mit einem neuen Angebot. Der sowjetische Regierungschef schlägt am 27. Januar 1949 vor, die Berlin-Blockade zu beenden.[35] Als Gegenleistung sollen die westlichen Alliierten die Gründung eines westdeutschen Staates hinauszögern.[36] Da ist wieder das Schreckgespenst, das Adenauer so fürchtet. Wenn es tatsächlich zu einer Annäherung der USA und der Sowjetunion käme, würde dies »auf dem Buckel« der Deutschen erfolgen, erklärt er gegenüber Parteifreunden.[37] Es wäre das Aus für den neuen Staat. Anstatt gemeinsam den Preis für ein deutsches Bauernopfer in die Höhe zu treiben und die Arbeit am Grundgesetz zu beschleunigen, tobt zwischen den Fraktionen der Streit über die Föderalismusfrage weiter. Es muss etwas geschehen.

Die Zirkelarbeit hinter verschlossenen Türen gehört für Konrad Adenauer seit jeher zum politischen Besteck. Kleine Runden unter Ausschluss der Öffentlichkeit und Konzentration auf Kompromisslösungen: Das sind für den alten Hasen auf dem Feld der parlamentarischen Mehrheitsbeschaffung erprobte Techniken. Er weiß mit Menschen umzugehen, die anderes wollen, als er meint, dass sie wollen sollen, charakterisiert ihn Carlo Schmid.[38]

Die Fraktionsspitzen treffen sich im »Roten Salon«, dem Büro des ehemaligen Direktors der Pädagogischen Akademie. Konrad Adenauer lässt dazu in der Regel einige Flaschen Wein bereitstellen, um das Gespräch in Gang zu halten.[39] Dieses Mal löst der gute Tropfen jedoch weder Zungen noch zementierte Positionen. Die Beratungen laufen ins Leere. Adenauer muss sich etwas einfallen lassen.

Und wenn du nicht mehr weiterweißt, dann gründe einen Arbeitskreis. Nach dem Motto initiiert er Ende Januar einen interfraktionellen Ausschuss, dem fünf Abgeordnete angehören: jeweils zwei aus CDU und SPD sowie ein Mitglied der FDP. Die Hardliner von der CSU bleiben ebenso draußen wie Vertreter der anderen kleinen Parteien. Der Präsident selbst übernimmt den Vorsitz.

Tatsächlich gelingt dem Fünferausschuss innerhalb von zehn Tagen der Brückenschlag. Der Kompromiss stärkt den Bundestag. Der Bundesrat als Länderkammer soll zwar nicht gleichberechtigt sein, jedoch ein weitgehendes Zustimmungsrecht in der Gesetzgebung haben. Das kommt der CDU entgegen. Die Finanzhoheit liegt beim Bund, die Länder dürfen nur Zuschläge zu gewissen Steuern erheben. Das entspricht der Forderung von SPD und FDP.[40] Die CSU grollt, willigt jedoch schließlich ein. Alle Parteien außer der KPD stimmen in der ersten Februarwoche dem Kompromiss zu. Eine breite Mehrheit ist gesichert.[41] Konrad Adenauer atmet ebenso auf wie Carlo Schmid, als das Grundgesetz am 10. Februar in dritter Lesung den Hauptausschuss passiert.

Es müssen ja nicht alle wissen, dass der bayerische Ministerpräsident Hans Ehard sich auf Anregung von Konrad Adenauer bei der amerikanischen Militärregierung meldet.[42] Er bittet die Besatzer, zugunsten eines strengen Föderalismus zu intervenieren.[43] Die lassen sich Zeit mit ihrer Entscheidung.

Die Besiegten müssen sich weiter in Demut und Geduld üben. Die internationale Gemengelage verspricht wenig Hoffnung für die nach Selbstbestimmung dürstenden Westdeutschen. Auf das Besatzungsstatut der Siegermächte warten sie bislang vergeblich. Stattdessen haben Amerikaner, Briten und Franzosen zusammen mit den Beneluxstaaten einen Entwurf für die internationale Kontrolle des Ruhrgebietes vorgelegt.[44] Das Kohle- und Stahlrevier zwischen Duisburg und Dortmund war Hitlers Rüstungsschmiede. Weder Besatzer noch Belgier, Luxemburger und Niederländer sind geneigt, die deutsche Schwerindustrie dem einstigen Aggressor zu überlassen. Stattdessen soll künftig eine internationale Behörde die Zechen und Hütten kontrollieren. Kohle und Stahl aus dem Revier werden für den europäischen Wiederaufbau benötigt. Zwar dürfen nach der Gründung des Weststaates auch drei Deutsche dem Kontrollrat angehören, die anderen Nationen hätten jedoch mit zwölf Stimmen die Mehrheit. Sie würden über das Herz der heimischen Industrie bestimmen.

Der Plan bringt die Parlamentarier quer durch alle Fraktionen in Wallung. »Wir wussten und bejahten es, dass Deutschland die Verpflichtung auferlegt werden würde, wenigstens einen Teil des Unheils wiedergutzumachen, das in seinem Namen begangen worden ist«, erklärt Carlo Schmid bei einer Rede im Hauptausschuss. Das Ruhrstatut sei jedoch »ein gigantischer Repressivapparat«.[45] Es sehe Maßnahmen vor, die »mit Abrüstung, Demilitarisierung und Demokratisierung nichts zu tun haben«, sondern, »zu nichts anderem dienen, als die deutsche Wirtschaft zu manipulieren«.[46] Man werde gezwungen sein, anstelle von arbeitsintensiven Waren Rohstoffe zu exportieren. Dadurch werde die deutsche Fertigwarenindustrie, »jene Industrie, von der wir leben müssen«, vom Weltmarkt ausgeschaltet.[47] Stattdessen fordert Schmid wie auch andere westeuropäische Politiker ein geeintes Europa des Friedens und der Freiheit. Darin müssten alle Mitgliedsstaaten auf Souveränität verzichten und der wirtschaftliche Austausch müsse auf der Grundlage von Gegenseitigkeit erfolgen. »Wir wissen, dass auch in anderen Ländern starke politische Bewegungen für diese Idee kämpfen«, schließt der leidenschaftliche Europäer versöhnlich. »Das gibt uns die Hoffnung, daß dieses Statut einer anderen Ordnung Platz machen wird, die in wirksamer Weise die Vorbedingungen für ein geeintes Europa schafft.«[48]

Die andere Ordnung wird zwei Jahre später den Namen »Europäische Gemeinschaft für Kohle und Stahl« tragen. Es ist ein sensationelles Projekt, das mit einem Paukenschlag das Zeitalter des europäischen Nationalismus beendet. Nach der Idee des Franzosen Jean Monnet und auf Initiative seines Außenministers Robert Schuman stellen die Bundesrepublik, Frankreich, Italien und die Beneluxländer ihre gesamte Kohle- und Stahlproduktion unter gemeinsame Kontrolle. Erstmals geben damit große europäische Player einen Teil ihrer nationalen Souveränität an eine internationale Organisation ab. Sie nennen sie in Anlehnung an den Bergbau »Montanunion«, nach dem lateinischen »mons«, der Berg. Die Europäische Gemeinschaft für Kohle und Stahl bildet den Auftakt zu jener jahrzehntelangen Herkulesarbeit der europäischen Integration, die dem Kontinent eine nie zuvor gekannte Periode des Friedens und des Wohlstands beschert.

Der KPD-Abgeordnete Heinz Renner tritt dagegen als Sprecher der »Ruhrkumpels« auf. Denen werde das Fell über die Ohren gezogen. Das Ruhrstatut sei »getragen vom Geist der Wallstreet, der deutschen Monopolkapitalisten und Kriegsgewinnler«, wettert der ehemalige Essener Oberbürgermeister im Hauptausschuss und fordert, die Sowjetunion mit in die Aufsichtsbehörde aufzunehmen.[49]

Kurz darauf wird sein Genosse Max Reimann von einem britischen Militärgericht zu drei Monaten Haft verurteilt. Er hat auf einer kommunistischen Kundgebung in der Düsseldorfer Rheinhalle die deutsche Beteiligung an der Ruhrbehörde verteufelt. Mitmacher brauchten sich nicht zu wundern, »wenn sie eines Tages vom deutschen Volk als Quislinge bezeichnet werden«.[50] Reimann spielte damit auf den norwegischen Faschisten und Hitler-Kollaborateur Vidkun Quisling an. Nach Auffassung des britischen Militärgerichtes in Düsseldorf hat er damit Alliierte und Nazis verglichen und muss hinter Gitter. Immunität, erfährt Konrad Adenauer bei dieser Gelegenheit, besitzen die Mitglieder der Bonner Runde im Gegensatz zu den Landtagsabgeordneten nicht. Der Parlamentarische Rat sei schließlich nur ein »indirektes Parlament«, dem keine gewählten Volksvertreter angehörten.[51]

Die Abgeordneten sehen in der Verhaftung eines Kollegen jedoch einen übergriffigen Präzedenzfall. Außerdem könnte Reimann von den Kommunisten zum Märtyrer stilisiert werden und Anlass zu weiterer Agitation gegen den Westen liefern. Konrad Adenauer bittet die Briten daher, den KPD-Abgeordneten von der Haft zu verschonen. Zunächst erfolglos. Erst nach einer weiteren Intervention bei den Besatzern und einer öffentlichen Diskussion im Hauptausschuss wird Max Reimann am 12. Februar nach knapp zwei Wochen aus der Haft entlassen.[52]

5. Störfeuer aus dem Osten

Die ostdeutschen Machthaber versuchen derweil weiter, das Verfassungswerk zu torpedieren. Der Parlamentarische Rat sei »Ausdruck der vollendeten Kapitulation deutscher Menschen vor den Annexionsgelüsten westlicher Besatzungsmächte«, wütet der SED-Vorsitzende Otto Grotewohl in Ostberlin.[1] Seine KPD-Genossen am Rhein wiederholen im Chor die Propaganda vom »Spalter-Verfassungswerk«.[2]

Es ist das perfekte Thema, um Stimmung zu machen. Das Deutsche Reich ist nach offizieller Auffassung des Parlamentarischen Rates nicht untergegangen, sondern besteht weiter fort.[3] In einer Zeit, in der auch NS-Gegner aus alter Gewohnheit vom »Reich« sprechen, ist eine dauerhafte Teilung des Landes unvorstellbar. Menschen in Ost und West empfinden sie gleichermaßen als großes Unglück. Es tobt daher ein Kampf um die Deutungshoheit, wer dafür die Verantwortung tragen würde.

Die scharfen Worte nutzen sich jedoch allmählich ab. Die Spalter-Platte, die Reimann und Renner in Bonn immer wieder auflegen, hat in der öffentlichen Wahrnehmung längst angefangen zu leiern. Die Blockade zeigt auch nicht die erhoffte Wirkung. Sowjets und SED schlagen daher neue Töne an. Jetzt kehren sie ihren Willen zur deutschen Vereinigung heraus. Zur vermeintlichen Charmeoffensive gehört der Plan des sowjetischen Diplomaten Wladimir Semjonow. Der schlägt alternativ zur Weststaatsgründung ein entmilitarisiertes und geeintes Deutschland vor. Die Mitte des Landes soll von Besatzungstruppen befreit, eine deutsche Gesamtregierung in Berlin und eine gemeinsame Währung geschaffen werden. Die Siegermächte würden einen Friedensvertrag abschließen und das Land erneut dem Alliiertenkontrollrat unterstellen.[4] Aus dem waren die Sowjets erst ein Jahr zuvor ausgetreten. Es wäre das Ende einer baldigen Weststaatsgründung.

Auf einmal scheint wieder alles im Fluss zu sein. Der Spiegel berichtet, dass »die SPD vielleicht im letzten Augenblick sogar das Grundgesetz ablehnen würde, um auf diese Weise die Rolle der nationalen Opposition zu übernehmen«.[5] Für die ostdeutschen Politiker sind die Gerüchte eine Steilvorlage, um zusätzlich Sand ins Getriebe der Bonner Verfassungswerkstatt zu streuen.

Während der Semjonow-Plan im Parlamentarischen Rat kursiert, reist eine ostdeutsche Reisegruppe durch die Westzonen. Darunter ist auch Otto Nuschke, Vorsitzender der Ost-CDU. Die Partei hat kaum noch etwas mit den westdeutschen Christdemokraten gemeinsam. Seitdem die Sowjets 1947 den letzten frei gewählten Vorsitzenden Jakob Kaiser abgesetzt haben, ist sie organisatorisch und programmatisch verstümmelt. Otto Nuschke übernahm den Rumpf und wurde Vorsitzender von Stalins Gnaden. Er zwang die Ost-CDU unter das Joch der Sozialistischen Einheitspartei SED und vertritt seither die Position der Sowjets: den westdeutschen Staat und dessen Integration in das kapitalistische Wirtschaftssystem zu verhindern.[6]

Entsprechend gedämpft ist die Freude, als Otto Nuschke am 1. März in der Mittagszeit unangemeldet im Bonner Parlamentsrestaurant auftaucht und den Präsidenten zu sprechen wünscht. Konrad Adenauer kann ihm nicht ausweichen. Er gewährt ihm, im Gegensatz zu Carlo Schmid, der ihn nicht vorlässt, eine zweistündige Unterredung in seinem Büro.[7] Dabei geht es auch um einen umstrittenen Wahlgesetzentwurf, den der Parlamentarische Rat kurz zuvor verabschiedet hat. Er sieht vor, Groß-Berlin als zwölftes Land in den westdeutschen Bund zu integrieren. Die westlichen Alliierten sind aus gutem Grund dagegen. Schließlich ist Berlin eine Vier-Mächte-Stadt, in der wie die drei anderen auch die Sowjets das Sagen haben. Die würden die Provokation zum Anlass für eine militärische Intervention nehmen, lässt Nuschke den Bonner Präsidenten wissen.[8]

Die kommunistische Werbekampagne für die Wiedervereinigung der vier Zonen geht unterdessen weiter. Jedes Mitglied des Parlamentarischen Rates bekommt persönlich Post aus der sowjetischen Besatzungszone. Die SED schlägt darin eine gemeinsame ost-west-deutsche Tagung vor. Das Ziel: vor der Fertigstellung des Grundgesetzes die von den Alliierten versäumte friedliche Einigung Deutschlands herbeiführen.[9] Sage keiner, sie hätten es nicht versucht.

Die Bonner behandeln den Vorschlag mit demonstrativem Desinteresse. Nur der Kommunist Heinz Renner besteht auf einer Antwort. In einem Pressekommuniqué lehnt der Ältestenrat schließlich den Vorschlag der SED offiziell ab, »da er die Gleichwertigkeit in der demokratischen Legitimation der Einladenden anzuerkennen nicht in der Lage ist«.[10] Mit Moskaus Marionetten wollen sie nicht sprechen.

Die Menschen im Rheinland lassen derweil die Puppen tanzen. Endlich feiern sie wieder Karneval »met allem, wat dozo jehööt«. Zum ersten Mal seit zehn Jahren gibt es wieder Rosenmontagsumzüge in Bonn und Köln. Die Wagen rollen durch zerstörte Stadtviertel, vorbei an Trümmerhaufen, auf denen Schaulustige wie auf Tribünen hocken. Die Jecken weinen vor Freude und singen den schmissigen Karnevalsschlager »Wir sind die Eingeborenen von Trizonesien« vom Komponisten und Schlagersänger Karl Berbuer.[11] Es ist eine augenzwinkernde Anspielung auf die westlichen Besatzungszonen und ein Spottlied auf die Alliierten:

»Ein kleines Häuflein Diplomaten
macht heut die große Politik
sie schaffen Zonen, ändern Staaten
Und was ist hier mit uns im Augenblick?«

Die Times titelt: »Die Deutschen werden schon wieder frech.« Die Briten lassen den Narren jedoch ihren Spaß. Die Alliierten akzeptieren sogar, dass das Lied in Ermangelung einer deutschen Nationalhymne bei Sportveranstaltungen geschmettert wird. Konrad Adenauer ist im Sommer 1949 beim ersten internationalen Radrennen in der Köln-Müngersdorfer Radrennbahn dabei, als der »Kölsche Jung« Jean Schorn gewinnt. Adenauer erinnert sich später, wie nach den Hymnen Belgiens und der Schweiz »ein sehr tüchtiger und geistig gegenwärtiger Kapellmeister« das

Trizonesien-Lied anstimmte. »Da sind zahlreiche belgische Soldaten aufgestanden und haben salutiert, weil sie glaubten, das wäre die Nationalhymne.«[12] Die Bläck Fööss werden den Schlager noch viele Jahre später singen.

Carlo Schmid kommt die Ablenkung nach all dem Stress wie gerufen. Er setzt einen roten Türkenfez auf, klebt sich ein schwarzes Bärtchen auf die Oberlippe und macht als Büttenredner mit. »In der vollen Wucht seiner Figur glich er einem Pascha«, schreibt der Spiegel und fährt ironisch fort: »Die Pracht origineller Kostüme, der Esprit kapriziösen Vortrages und die ungetrübte Heiterkeit dieser dem italienischen Karneval an Reiz und Leichtigkeit nahen Charme der Bonner Künstler« taten Carlo Schmid gut. Als er am nächsten Tag wegen eines Treffens der Europa-Union in Düsseldorf ist, macht er abends gleich weiter. Im Kom(m)ödchen, dem legendären Kabarett von Kay und Lore Lorentz, steigt der Völkerrechtsprofessor wie in jungen Jahren als Schauspieler auf die Bühne. Mit Ringelpulli und Baskenmütze tritt er als Ganove in der Dreigroschenoper auf.[13] Begeistert schreibt er einem Freund über die positiven Effekte des rheinischen Karnevals: »Zum Wochenende hat er mir 20 Stunden ununterbrochenen Schlafs beschert.«[14] Die Erholung kann er brauchen.

Am 2. März ist Aschermittwoch und der Spaß vorbei. Die Militärgouverneure teilen Adenauer und einer Delegation des Parlamentarischen Rates in Frankfurt ihr Veto gegen das Grundgesetz mit. Es ist ihnen zu wenig föderalistisch.[15] Ganz im Sinne der CSU verlangen sie vor allem Änderungen bei der Finanzhoheit, um den Ländern mehr Einnahmequellen zu sichern. Der zentral gesteuerte

Finanzausgleich soll ebenso aus dem Text verschwinden wie die Bundesfinanzverwaltung.

Die parlamentarischen Räte sind ratlos. Wie lange soll dieses Hin und Her noch weitergehen? Carlo Schmid erwägt deprimiert, alles hinzuwerfen.[16] Konrad Adenauer ist dagegen eisern zum Weitermachen entschlossen und kämpft für eine Einigung mit den Alliierten. Ein mangelhaftes Grundgesetz sei besser als kein Grundgesetz, appelliert er an die Bonner Runde. Es sei der Schlüssel zur Gründung der Bundesrepublik und die wiederum sei Voraussetzung für die Überwindung des Besatzungsregimes. Adenauer weiß genau, dass es ohne Staatsgründung für die Deutschen weder einen Zugang zur Ruhrbehörde noch zu anderen Formen der europäischen und transatlantischen Zusammenarbeit gibt.[17]

Unverdrossen treibt der Präsident die Bonner an und erweitert den Fünferausschuss um zwei weitere Abgeordnete des Zentrums und der Deutschen Partei. Die CSU ist weiterhin außen vor. Carlo Schmid schüttelt den Frust ab und bleibt an Bord. Er weiß allerdings, dass die Kompromissfähigkeit seiner SPD ausgereizt ist. Kurt Schumacher wird keine Abstriche an den Kompetenzen der Bundesregierung akzeptieren, die sie braucht, um die künftigen innen- und außenpolitischen Aufgaben zu stemmen.[18]

Die Stimmung in der Pädagogischen Akademie sinkt auf einen Tiefpunkt. Die Arbeit an den Grundgesetzentwürfen erlahmt. Das Geklapper der Schreibmaschinen, das sonst von früh bis spät über die Gänge hallt, ist verstummt. Der April beginnt so hoffnungslos, wie der März geendet hat.

Nur die Berliner sehen einen Silberstreif am Horizont. Der Winter war unerwartet mild, die Luftbrücke hat sie über die dunklen Monate gebracht. Längst überschreiten die Piloten die als Minimum gesetzte Menge von 4.500 Tonnen Gütern täglich. Im März schaffen sie im Schnitt 6.328 Tonnen Lebensmittel, Kohle und Medikamente in die blockierte Stadt.[19] Zu Ostern setzt General Tunner, der Cheforganisator, noch einen drauf. Er will aller Welt demonstrieren, wie gut die Luftbrücke funktioniert, und feuert seine Leute zu weiteren Höchstleistungen an. Mit Erfolg. Am 15. April landet während der sogenannten »Osterparade« alle 62 Sekunden ein Rosinenbomber in der Stadt.[20] Die Kinder am Tempelhofer Zaun dürften mit dem Protokollieren kaum nachkommen. General Clay ruft bei Tunner an und will wissen, was los ist am Himmel über Berlin. Als er von dem »Ostergeschenk« erfährt, ist er begeistert und informiert die Presse. Der Tagesspiegel macht prompt mit der Headline »Der große Luftbrückenerfolg« auf. Alles, was die Moral der Berliner Bevölkerung in der schweren Zeit hebt, ist eine gute Nachricht. Dazu gehört noch eine andere Meldung. Auf den Rückflügen nehmen die leeren Rosinenbomber an diesem Tag 209 politische Flüchtlinge aus der Ostzone mit in den Westen. Die meisten von ihnen fliehen vor der Zwangsarbeit in den Uran-Bergwerken im Erzgebirge, wo sie radioaktives Material für die sowjetische Atomindustrie abbauen sollten. Als die letzte Skymaster an diesem 24 Stunden langen Flugtag in der abgesperrten Stadt landet, hat die Crew mit roter Farbe neben die Cockpit-Fenster das stolze Ergebnis aufgemalt: »Tons: 12.941, Flights: 1.398«.[21] Von Public Relation verstehen die Amis was.

Die Blockade entpuppt sich für Stalin immer mehr als Himmelfahrtskommando. Anstatt die ehemaligen Kriegsverbündeten aus der Stadt zu vertreiben, sind sie zur Erleichterung der Berliner Bevölkerung geblieben. Der Erpressungsversuch hat die Solidarität des Westens und damit die Konfrontation verstärkt. Kein Mensch redet mehr von der Leistung der Sowjetunion, die mit dem großen vaterländischen Krieg entscheidend zum Sieg über Hitler beigetragen und mit 27 Millionen Toten den höchsten Blutzoll bezahlt hat. Davon wollen die meisten Deutschen ohnehin nichts wissen. Mit der Blockade verliert Stalin jedoch auch auf internationaler Ebene jeglichen moralischen Kredit. Der Eiserne Vorhang, der sich nun über die Mitte Europas senkt, wird eine Rüstungsspirale in Gang setzen und die Sowjetunion teuer zu stehen kommen. Obendrein hat Stalin die Chance verspielt, sich an der Ruhrbehörde zu beteiligen und günstig Rohstoffe aus dem Kohlerevier zu beziehen.

6. Poker um das Grundgesetz

In Bonn lassen die Militärgouverneure die Westdeutschen allerdings weiter zappeln. Es geht zu wie beim Poker – mit dem Grundgesetz als Einsatz. Die einen bluffen, die anderen bleiben cool. Wer wird am Ende die besseren Nerven haben? Der Ausschuss der Sieben überarbeitet den Entwurf. Die Militärgouverneure lehnen ihn erneut ab, weil er ihnen immer noch zu wenig föderalistisch ist. Ein Vorschlag der CDU/CSU-Fraktion, der den Wünschen der Alliierten entspricht, findet keine Mehrheit in der Bonner Runde. Die SPD-Fraktion zieht sich schließlich aus den Beratungen zurück und erntet Kritik. In einer Pressemitteilung drohen die Militärgouverneure mit der Auflösung des Parlamentarischen Rates.[1]

Erst am 10. April keimt unerwartet Hoffnung auf. Nach monatelanger Hängepartie und wiederholten Bitten überraschen die Alliierten die Bonner mit einem »vernünftigen« Besatzungsstatut, wie Carlo Schmid sagt.[2] Endlich erfahren die Westdeutschen, woran sie sind und welche Chancen die Siegermächte dem neuen Staat einräumen. Sobald der gegründet ist, wollen sie tatsächlich die Militärregierungen abziehen. Ab diesem Zeitpunkt soll es nur noch eine Alliierte Hohe Kommission geben, die vom Bonner Petersberg aus über die friedliche und demokratische Entwicklung Westdeutschlands wacht.

Es ist wieder einer dieser Momente zum Durchatmen. Die Westdeutschen sind einen Schritt weiter. Gleichzeitig baut General Clay Druck auf und bedient Adenauers Ängste. Der Amerikaner warnt eindringlich vor der internationalen Lage, die zu einer langen Verzögerung des Grundgesetzes führen und eine »unerfreuliche Wirkung für die Deutschen« haben könnte.[3] Bei einem Treffen in Frankfurt am 14. April mit einer Bonner Delegation lehnen er und der französische General Koenig die bisherigen Grundgesetzkompromisse erneut strikt ab.

Die harte Haltung ist Teil des Spiels. Die Regierungen in London, Paris und Washington sind längst weiter, als die Militärgouverneure vor Ort zu sein vorgeben. Deren Außenminister haben wenige Tage zuvor bei einer Konferenz in Washington beschlossen, den Bonnern längere Leine zu lassen. Den Alliierten geht es in erster Linie darum, einen handlungsfähigen deutschen Teilstaat in die westliche Hemisphäre zu integrieren. Der Plan soll nicht an Meinungsverschiedenheiten über die westdeutsche Finanzverfassung scheitern.[4] Sie haben daher die Oberbefehlshaber der drei Zonen entsprechend instruiert. Wenn die SPD bei ihrer harten Linie bliebe, sollten die Militärgouverneure einlenken und den bestehenden Grundgesetzentwurf akzeptieren.[5]

Die Information ist »top secret«. Trotzdem findet sie am 14. April den Weg in die Reihen der Sozialdemokraten. Der britische General Brian Robertson zieht sich am Rande des Frankfurter Treffens mit Carlo Schmid und einigen Fraktionskollegen zurück. Für die anderen Teilnehmer sieht es aus, als würde Robertson die Sozialdemokraten beknien, ihre harte Haltung aufzugeben. Der Brite steckt dem Bonner Fraktionsvorsitzenden Carlo Schmid jedoch unter dem Siegel der Verschwiegenheit die Information über den neuen Kurs der Alliierten.[6]

Sie bestärkt die SPD, an ihrer Haltung festzuhalten. Der schwer erkrankte Vorsitzende Kurt Schumacher in Hannover hat eine Beinamputation überstanden. In diesem Frühjahr ist er auf dem Weg der Besserung und gibt der Partei ein scharfes nationales Profil. Wenn die neue Bundesrepublik lebensfähig sein soll, braucht der Bund finanzielle Unabhängigkeit von den Ländern.[7] Auf einem kleinen Parteitag am 22. April in Hannover wettert Kurt Schumacher daher wie kein westdeutscher Politiker vor ihm gegen die föderalistischen Forderungen der Alliierten und ihre deutschen Unterstützer. Außerdem formuliert die SPD Bedingungen für die Zustimmung zum Grundgesetz. Die Macht des Bundesrates sei zu begrenzen. Es müssten gleiche Rechts- und Wirtschaftsverhältnisse im ganzen Land gelten. Der neue Staat brauche ein Finanzwesen, das dem Bund die Mittel und Möglichkeiten zur Erfüllung seiner Aufgaben gibt.[8] Einen alternativen Grundgesetzentwurf, der zum Organisationsstatut abgespeckt ist, legt sie gleich mit vor.

Konrad Adenauer schäumt. Er wirft der SPD Verantwortungslosigkeit vor und weist deren Vorwürfe zurück, die CDU/CSU-Abgeordneten seien »Erfüllungspolitiker« der Alliierten.[9] Der Sozialdemokrat Carlo Schmid hat alle Mühe, sich gegen den Vorwurf der »Fremdlenkung« aus Hannover zu wehren. Immerhin trifft sich noch am selben

Abend der interfraktionelle Ausschuss in der Pädagogischen Akademie, um zwischen SPD und konservativen Parteien zu vermitteln.

Deren Mitglieder erinnern sich noch lebhaft an die Dolchstoßlegende nach dem Ersten Weltkrieg. Mit der Verschwörungslüge hatte die kaisertreue Oberste Heeresleitung erfolgreich von der eigenen Verantwortung an der militärischen Niederlage abgelenkt und den demokratischen Kräften die Schuld in die Schuhe geschoben. Sie und das internationale Judentum seien dem angeblich im Felde unbesiegten deutschen Heer in den Rücken gefallen. Die Hetze bildete den Auftakt zum Kampf der alten Eliten gegen die verhasste junge Republik und ihre politischen Repräsentanten.

30 Jahre später steckt den Bonnern das Scheitern von Weimar noch immer in den Knochen. Auf Initiative von Carlo Schmid geben daher die Fraktionen eine »Ehrenerklärung« ab. Die Mitglieder des interfraktionellen Ausschusses versichern sich gegenseitig der Integrität. Sie hätten in monatelanger Zusammenarbeit voneinander die Überzeugung gewonnen, »dass sie sich in ihren Entscheidungen ausschließlich durch deutsche, von fremden Einflüssen unabhängige Erwägungen bestimmen lassen«. Man sei entschlossen, »in loyaler Zusammenarbeit die uns gestellte deutsche Schicksalsaufgabe zum besten unseres Volkes zu einem guten Ende zu führen«.[10]

Da geschieht das Unerwartete: Die Militärgouverneure übergeben dem Präsidenten des Parlamentarischen Rates die bislang geheim gehaltene Note. Darin lehnen sie zunächst strikt die Einbindung Großberlins in den Weststaat ab. Dann aber kommt es: Auf dem Gebiet der Finanzen werde jede Bestimmung wohlwollend gewürdigt, die sowohl den Ländern als »auch der Bundesregierung finanzielle Unabhängigkeit und angemessene Finanzkraft« sicherstellt.[11]

Es ist eine »carte blanche« für den Parlamentarischen Rat. Die Generäle Clay und Koenig hätten die Veröffentlichung am liebsten verhindert. Die drohende Absage der SPD hat sie jedoch einlenken lassen. Zudem treibt die internationale Situation zur Eile. Bei der UNO laufen Geheimverhandlungen über das Ende der Berlin-Blockade. Womöglich einigen sich die vier Mächte auf einen neuen Plan und stoppen die Weststaatsgründung. Vorher muss das Grundgesetz in trockenen Tüchern sein. Es gilt, demokratische Fakten zu schaffen, egal, ob für einen westdeutschen oder einen gesamtdeutschen Staat.

Tempo ist daher das Gebot der Stunde. Die Betriebsamkeit kehrt zurück in die Pädagogische Akademie. Aus den Büros dringt endlich wieder das Geklapper von Schreibmaschinen. Nach den scharfen Scharmützeln zwischen CDU/CSU und SPD reißen sich deren Fraktionsführer am Riemen. Konrad Adenauer einigt sich schließlich persönlich mit Carlo Schmid auf föderalistische Details.[12] Die Kompetenzen des Bundesrates werden im Sinne von SPD und FDP reduziert. Dafür geben sie bei der Finanzordnung nach. Mit Ausnahme der Umsatzsteuer sollen die Länder die meisten Steuern einziehen können.[13] »Wären mehr Abgeordnete unter 40 als über 60, dann wären wir wahrscheinlich nicht so lange in den albernen Diskussionen über Föderalismus stecken geblieben«, schreibt Carlo Schmid an einen Bekannten. Er sehe keinen anderen Weg als den, dass die Jugend selbst sich in die politische Arbeit einbeziehen lasse. »Das aber setzt voraus, dass sie sich um die Parteien kümmert und sich dort ihren Platz erobert.«[14] Tiefes Bücken eben.

Der lange Streit um den Föderalismus und die tastende Suche nach Kompromissen schlagen sich am Ende in salomonischen Regelungen im Grundgesetz nieder.

Es geht los mit den Ländern. Nach Artikel 30 ist die Erfüllung der staatlichen Aufgaben grundsätzlich ihre Sache, »soweit dieses Grundgesetz keine andere Regelung trifft oder zulässt«. In Artikel 70 heißt es nochmals: »Die Länder haben das Recht der Gesetzgebung, soweit dieses Grundgesetz nicht dem Bunde Gesetzgebungsbefugnisse verleiht.« Die Länder regeln also alles, was der Bund nicht ausdrücklich machen soll. Die Bandbreite reicht vom Denkmalschutz und der Feiertagsregelung über das Kindergartenwesen und die Kulturhoheit bis hin zum Polizei- und Ordnungsrecht.

Was der Bund darf, steht in den Artikeln 71 bis 74. Zunächst geht es um dessen ausschließliche Gesetzgebung. Darunter fallen leicht nachvollziehbar nationale Aufgaben wie Außenpolitik, Verteidigung, das Melde- und Passwesen oder der Waren- und Zahlungsverkehr.

Komplizierter wird es bei der sogenannten konkurrierenden Gesetzgebung. Hier haben grundsätzlich wieder die Länder das Sagen, aber nur, soweit der Bund nicht selbst in Aktion tritt. Der darf immer dann die Gesetze machen, wenn es um gleichwertige Lebensbedingungen überall im Land geht. Das gilt für das Arbeits- und Wirtschaftsrecht genauso wie für die Forschungsförderung oder den Straßenverkehr.

Die Aufgabenteilung ist im Frühjahr 1949 allerdings keineswegs in Stein gemeißelt. Die einzige Konstante im deutschen Föderalismus scheint die ständige Veränderung – und zwar zugunsten des Bundes. Hier finden im Laufe der Jahrzehnte die meisten Verfassungsreformen statt.[15] Seit der Föderalismusreform 2006 ist den Ländern an Kernkompetenzen neben der Polizei, dem Strafvollzug und dem Kommunalwesen nur die Kulturhoheit mit der Bildung geblieben. Besonders das Schulwesen ist für Bayern und Baden-Württemberger, Sachsen und Thüringer längst zu einer Art Markenkern geworden.

Für die Mitglieder des Parlamentarischen Rates ist die Kulturhoheit der Länder eine naheliegende Entscheidung. Schließlich war das Bildungswesen bereits im Kaiserreich und der Weimarer Republik dezentralisiert. Erst Hitler hatte 1933 im Rahmen der Gleichschaltung die Länder entmachtet. Bildung und Kunst waren ab sofort zentrale Instrumente der Indoktrination. Die Bonner Runde knüpft nun an die Tradition des dezentralen Bildungswesens an – zumal auch die Alliierten die Bildungshoheit für die Länder fordern. Nie wieder soll ein Diktator von oben herab das Unrecht in die Köpfe von Kindern und Jugendlichen hämmern können.

Der Konsens schwindet jedoch in den folgenden Jahrzehnten. Erst gibt es parteipolitischen Streit über die Einführung der Gesamtschulen. Später rückt der Pisa-Schock die föderalistische Schullandschaft in den Fokus der Öffentlichkeit. Forderungen nach einem bundeseinheitlichen Schulsystem werden lauter. Die Länder wollen sich jedoch einen ihrer letzten Hoheitsbereiche nicht nehmen lassen. Sie argumentieren mit regionaler Vielfalt und dem Wettstreit um die besten schulpolitischen Ideen und Programme. Die Kritiker nennen es Flickwerk.

Die regionalen Unterschiede sind beträchtlich. Egal, ob es um das Abitur nach 12 oder 13 Schuljahren, die Abschaffung der Hauptschule oder die Einführung der Gemeinschaftsschule geht: 16 Landtage und Kultusministerien entscheiden jeweils für ihr Land, was Lehrer in welcher Schule wie und wann unterrichten. Immerhin, alle Abschlüsse gelten im ganzen Bundesgebiet.

Ansonsten ist das Bild bunt. Was Mädchen und Jungen erleben, die mit ihren Familien von Niedersachsen nach Bayern oder von Nordrhein-Westfalen nach Baden-Württemberg umziehen, hat wenig mit gleichwertigen Lebensbedingungen zu tun. Das gilt auch für Lehrer, die in einem Land studiert und das Referendariat absolviert haben und deshalb im anderen nicht verbeamtet werden.

Im Bereich der konkurrierenden Gesetzgebung hat inzwischen ebenfalls überwiegend der Bund das Sagen, egal, ob es um Atomenergie, Terrorabwehr oder Seuchenschutz geht. Was er an Gesetzen erlässt, dürfen die Länder jedoch selbst umsetzen. Wie sie das machen, bleibt weitgehend ihnen überlassen; sie haben dabei große juristische Spielräume.

Ausgerechnet während der Corona-Pandemie machen sie davon ausgiebig Gebrauch. Das Bundesinfektionsschutzgesetz setzen die Länder nach eigenem Gusto um. Gerade als einheitliches Vorgehen besonders dringlich ist, sorgen widersprüchliche Regelungen für Unruhe. In einem Land gibt es ab einer bestimmten Inzidenz Ausgangsbeschränkungen und Schulschließungen, in dem anderen nicht. Besonders bizarr ist es für Bahnreisende, die im Nahverkehr mehrere Bundesländer passieren. In dem einen Streckenabschnitt müssen sie Masken tragen, im anderen nicht.

Das System lädt also zum Streit ein. Pluralismus hat seinen Preis. »Der Dauerzwist gehört zum Wesen des Föderalismus«, erklärt der Staatsrechtler Bodo Pieroth. »Das Bundesverfassungsgericht agiert jedoch als fairer Streitschlichter.« Regelmäßig ziehen Bund und Länder nach Karlsruhe, um Gesetzgebungskompetenzen klären zu lassen. Immer haben die Richter in den roten Roben dabei den Artikel 79 im Blick, die sogenannte Ewigkeitsklausel. Sie ist die größte aller Lehren aus der NS-Diktatur und verbietet die Abschaffung der bundesstaatlichen Ordnung ebenso wie die übrigen Verfassungsprinzipien Demokratie, Sozial- und Rechtsstaatlichkeit.

Im Laufe der Zeit ist damit ein spezifisch deutsches System der Politikverflechtung entstanden. Neben der klassischen horizontalen Gewaltenteilung von Legislative, Exekutive und Judikative gibt es eine zusätzliche Ebene der vertikalen Gewaltenteilung zwischen Bund und Ländern. Es ist eine Form der »checks and balances«, die das Durchregieren von oben nach unten verhindert.

Das liegt auch am einflussreichen Bundesrat, der Ländervertretung in Berlin. In ihm sitzen keine gewählten Abgeordneten, die nur ihrem Gewissen verpflichtet sind. Es sind Delegierte der Länder, die geschlossen auf Weisung der heimischen Regierung abstimmen. Will der Bundestag ein Gesetz verabschieden, das die Finanzierung und Verwaltung der Länder betrifft oder eine Grundgesetzänderung verlangt, muss der Bundesrat zustimmen. Enthaltungen werden als Neinstimmen gewertet. Fallen Initiativen des Bundes wie etwa das neue Zuwanderungsgesetz im Jahr 2002 oder die Einführung des Bürgergeldes im Herbst 2022 beim Bundesrat durch, können sie in der vorgesehenen Form nicht verabschiedet werden. Sie müssen in den Vermittlungsausschuss, wo Vertreter beider Kammern Kompromisse ausarbeiten. Der Bundesrat verfügt also über eine Blockademacht. Sie tritt gerade dann zutage, wenn die politischen Mehrheiten in den Ländern von der des Bundes abweichen.

Im Frühjahr 1949 scheinen sie jedoch weit entfernt vom neuen demokratischen Staat. Am 4. Mai beginnt ein neuer Akt im Drama um Berlin und die Zukunft Deutschlands. Die ganze Unberechenbarkeit des Geschehens der letzten neun Monate verdichtet sich in der politischen Nachrichtenlage dieses einen Tages. Wie ein Schiff in stürmischer See wirft er die Bonner Runde hin und her zwischen Freude und Furcht.

Im März haben der amerikanische UNO-Vertreter Philip Jessup und sein russischer Kollege Jakow Alexandrowitsch Malik in einem kanadischen Dorf Geheimverhandlungen aufgenommen.[16] Kaum etwas drang über den Stand der Unterredungen nach außen. Jetzt treffen sich die beiden Diplomaten im sowjetischen UNO-Quartier in der New Yorker Park Avenue und besiegeln die Einigung. Die Vertreter der vier Siegermächte bei den Vereinten Nationen in New York verkünden kurz darauf die erlösende Nachricht: Am 12. Mai werden die Sowjets die Berlin-Blockade beenden. Endlich ist der Spuk vorbei. Stalin hat verstanden, dass er bei der Kraftprobe den Kürzeren gezogen hat. Er kann jedoch das Gesicht wahren. Die Außenminister der vier Siegermächte werden am 23. Mai in Paris erneut über die Zukunft Deutschlands verhandeln.[17]

Es ist eine paradoxe Situation. Die frohe Kunde vom baldigen Ende der Blockade bedeutet für die Bonner zugleich eine Bedrohung. Die Sowjets sind aus der Isolation herausgetreten und zurück an den Verhandlungstisch gekehrt. Auf der Pariser Konferenz wollen sie die Bildung einer westdeutschen Regierung verhindern, berichtet die Times.[18] Ziel sei die Neutralisierung Deutschlands.[19]

Der britische Militärgouverneur Brian Robertson bestätigt die Nachricht auf einer Pressekonferenz. Die westlichen Alliierten wären möglicherweise bereit, die Bildung eines westdeutschen Staates aufzuschieben, wenn mit der Sowjetunion ein Abkommen über die Errichtung einer gesamtdeutschen Regierung zustande kommt. Bei den Mitgliedern des Parlamentarischen Rates wirke diese Nachricht »wie Rizinus«, schreibt der Spiegel. »Es brachte sie im Laufschritt an die Plenartische.«[20]

General Clay, der als Militärgouverneur auf eigenen Wunsch demnächst aus Deutschland abberufen wird, stößt ins selbe Horn. In einem Interview mit »Stars and Stripes«, der Zeitung für die amerikanischen Streitkräfte, spricht Clay über die Bereitschaft des Westens, mit der Sowjetunion über die deutsche Frage zu diskutieren. Er hoffe, dass sich die Pläne für den westdeutschen Staat dadurch nicht verzögern. Das würde einen Vertrauensbruch gegenüber den westdeutschen Politikern und allen demokratischen Kräften bedeuten. Der Führergedanke könnte in Deutschland wieder an Stärke gewinnen.[21]

Konrad Adenauer fühlt sich durch die Äußerungen Clays in seinen dunkelsten Befürchtungen bestätigt. »Die Alliierten gehen anscheinend mit dem Gedanken um, den Sowjets nachzugeben«, erklärt er seinen Fraktionskollegen. Es sei völlig offen, was sie in den nächsten Tagen mit Russland abmachen. Clay sei jedoch dafür, »dass wir nicht zum

Gespött in Deutschland werden«. Der scheidende amerikanische Militärgouverneur wolle daher das Grundgesetz »acht Tage vor seiner Abberufung« haben, damit er sich noch während seiner Amtszeit »für die Genehmigung einsetzen kann«.[22]

Die Briten raten den Deutschen ebenfalls, das Verfassungswerk »schnellstens fertigzustellen«, wie Carlo Schmid in einer interfraktionellen Besprechung am Morgen des 6. Mai berichtet.[23] Es geht auch um die Glaubwürdigkeit des Hohen Hauses: »Wir laufen Gefahr, vor der deutschen Öffentlichkeit mit dem ganzen Odium belastet zu werden, neun Monate hier gesessen und nichts erreicht zu haben«, fasst Konrad Adenauer die Lage zusammen.[24]

Dabei haben sie es doch fast geschafft. In den letzten Tagen und Nächten konnten sie die meisten Konflikte beilegen.[25] Sollen denn die endlosen Diskussionen und die ganze Mühsal umsonst gewesen sein?

Für den Alten bleibt nur die Flucht nach vorn. Der Präsident will die Arbeit am Grundgesetz unbedingt bis zum 8. Mai 1949 abschließen. Es ist der Jahrestag der bedingungslosen Kapitulation der deutschen Wehrmacht. Das Datum ist perfekt, um vier Jahre nach Kriegsende aller Welt die Verantwortungsbereitschaft der Deutschen für den demokratischen Neuanfang zu demonstrieren und »eine gewisse moralische Bindung für die Westmächte« zu schaffen.[26] Mit dem Grundgesetz auf dem Tisch dürfte ihnen die Absage der Weststaatsgründung schwerer fallen.

Also ran an die Arbeit. Es gibt noch einige Punkte zu klären. Als Erstes steht der Name auf der Agenda. Der Abgeordnete Hans-Christoph Seebohm von der rechtskonservativen Deutschen Partei beantragt allen Ernstes den Titel

»Grundgesetz zur Erneuerung des Deutschen Reiches«. Die Bezeichnung bringe zum Ausdruck, dass das Reich »als Rechtsordnung nach dem Vorbild und den Geboten der göttlichen Schöpfungsordnung geschaffen wurde«.

Zwischenruf von Max Reimann: »Mit oder ohne Österreich?«

Der Vorschlag ist damals nicht so abwegig, wie er heute klingt. Das Wort »Reich« ist den Deutschen seit dem Mittelalter und dem Heiligen Römischen Reich deutscher Nation in Fleisch und Blut übergegangen. »Immer wieder springt es ihnen in den Mund«, wie Jakob Kaiser anmerkt.[27]

Der Begriff habe aber »nun einmal bei den Völkern um uns herum einen aggressiven Akzent«, stellt Carlo Schmid klar. »Das Wort ›Reich‹ wird von diesen Leuten gelesen als ein Anspruch auf Beherrschung.«[28] Die anderen sehen es ebenso, der Antrag wird mit großer Mehrheit abgelehnt.[29]

Beim parlamentarischen Brainstorming schlägt Carlo Schmid stattdessen den nüchternen Namen »deutsche Republik« vor.[30] Theodor Heuss macht daraus schließlich: »Bundesrepublik Deutschland« und argumentiert: »Mit dem Worte ›Deutschland‹ geben wir dem ganzen ein gewisses Pathos, sentimentaler und nicht machpolitischer Art.«[31] Der Vorschlag kommt gut an. Er passt sowohl zum föderalistischen Konzept der Union als auch zum republikanischen Selbstverständnis der Sozialdemokraten. Das Verfassungswerk erhält mit großer Mehrheit den Namen »Grundgesetz für die Bundesrepublik Deutschland«.[32]

Als Nächstes ist die Präambel dran. Wie lange haben sie darüber diskutiert. Der Einleitungstext zum Grundgesetz ist der Bonner Runde so wichtig wie die Grundrechte. Er bietet Gelegenheit zur Rechtfertigung und Selbstvergewisserung: »Wer sind wir? Woher kommen wir? Wo wollen wir hin?«, lauten seit Herrenchiemsee die Fragen, auf die der Einleitungstext Antworten geben soll.[33]

Bereits auf der Insel versuchten sich die Mitglieder des Verfassungskonvents an einem Entwurf. Die erste Fassung beginnt mit dem Satz: »Die nationalsozialistische Zwingherrschaft hat das deutsche Volk seiner Freiheit beraubt; Krieg und Gewalt haben die Menschheit in Not und Elend gestürzt.« Von Geschichtsverdrängung kann bei diesen Deutschen jedenfalls noch keine Rede sein. Dagegen kommen die Skrupel zum Ausdruck, die sie gegenüber den Landsleuten in der Ostzone hegen. Da ist von der »Übergangszeit« die Rede, aber auch vom »Deutschen Volk in seiner Gesamtheit«, das aufgefordert bleibe, »die nationale Einheit und Freiheit zu vollenden«.

Mit der Präambel schlägt die Stunde der Philosophen, aber auch der Sprachpsychologen und Stilisten. Theodor Heuss ist in seinem Element. Bereits im Oktober mahnte er, man solle bitte keinesfalls das Wort »Übergangszeit« erwähnen. Damit würde man den historischen Augenblick festschreiben. »Mit dieser harten Fixierung verderben wir das Schwebende und Dauernde.« Der Feingeist pocht vielmehr auf die »Würde des Bleibenden«, um damit den Menschen Halt zu geben. Die Präambel müsse »eine gewisse Magie des Wortes besitzen«.[34]

Über Monate hinweg schreiben sie Entwürfe und Gegenentwürfe. Nur langsam kommen sie der Sache näher. Die »invocatio« müsse rein, die Anrufung Gottes, fordern die christlichen Parteien. Die Kirchen sind Ende der 40er-Jahre eine zentrale Macht in der Gesellschaft und allzeit präsente Lobbyisten im Parlamentarischen Rat. Die Vertreter der konservativen Parteien wollen das neue demokratische Haus auf den »ewigen Felsgrund des göttlichen Sittengesetzes« errichtet wissen, wie es der CDU-Abgeordnete Adolf Süsterhenn aus Rheinland-Pfalz formuliert.[35] Damit erteilen sie zugleich der preußischen und nationalsozialistischen Staatsverherrlichung eine Absage. Die weltlichen Kräfte hingegen betonen »den Menschen« und damit die Belange künftiger Generationen in einem vereinten Europa. Am Ende heißt es zugleich feierlich und pointiert:

> *»Im Bewusstsein seiner Verantwortung vor Gott und den Menschen, von dem Willen beseelt, als gleichberechtigtes Glied in einem vereinten Europa dem Frieden der Welt zu dienen, hat das Deutsche Volk in den Ländern Baden, Bayern, Bremen …«*

Bei der folgenden Aufzählung streichen sie »Groß-Berlin«. Das verlangen die Militärgouverneure. Schließlich ist Berlin eine Vier-Mächte-Stadt mit verbrieften Rechten für die Sowjets im Ostteil. Der Vier-Mächte-Status schützt zudem die Westberliner Bevölkerung. Wie sollte eine noch lange wehrlose Bundesrepublik deren Sicherheit inmitten der sowjetischen Besatzungszone garantieren?

> *»… um dem staatlichen Leben für eine Übergangszeit eine neue Ordnung zu geben, kraft seiner verfassungsgebenden Gewalt dieses Grundgesetz der Bundesrepublik Deutschland beschlossen …«*

Die »Übergangszeit« bleibt also drin, ebenso das programmatische Bekenntnis zur Einheit des Landes:

»... Es hat auch für jene Deutschen gehandelt, denen mitzuwirken versagt war. Das gesamte Deutsche Volk bleibt aufgefordert, in freier Selbstbestimmung die Einheit und Freiheit Deutschlands zu vollenden.«

Sie ahnen damals nicht, wie lange es dauern wird. Erst 40 Jahre später fällt die Mauer. Kurz danach rufen die Menschen angefeuert von westlichen Verheißungen: »Wir sind ein Volk!« Mit dem Einigungsvertrag von 1990 treten die Länder Brandenburg, Mecklenburg-Vorpommern, Sachsen, Sachsen-Anhalt und Thüringen sowie Ostberlin der Bundesrepublik bei. Es geschieht nach einem Beschluss der DDR-Volkskammer, gefasst von über 80 Prozent der Stimmberechtigten.[36] Die »Einheit und Freiheit Deutschlands« ist endlich vollendet. Die Präambel und die Bestimmungen des Grundgesetzes, die, wie der Artikel 23, bisher den Beitritt Ostdeutschlands thematisieren, können umformuliert werden.

Am 8. Mai 1949 ist die Bonner Runde dabei, die erste große Etappe auf diesem Weg abzuschließen. Adenauer peitscht an diesem Sonntag die letzte Lesung des Grundgesetzes durch. Bis um Mitternacht müssen alle Artikel verabschiedet sein.

Über die Grundrechte sind sie sich weitgehend einig. Nur das sogenannte Elternrecht bleibt bis zum Schluss ebenso hart umkämpft wie der Föderalismus. »Elternrecht« klingt nach einer Selbstverständlichkeit. Es geht um das Recht, die eigenen Kinder zu erziehen. Im Grundgesetz soll es allerdings die elterliche Wahl der Schulform beinhalten, was wiederum auf die Einführung konfessioneller Schulen in kirchlicher Trägerschaft hinausliefe. Die konservativen Parteien beharren darauf ebenso wie die Kirchen. Sozialdemokraten und Liberale sind strikt dagegen.

Die atheistischen Kommunisten weiden sich an dem Konflikt. Das Protokoll vermerkt ironische Zwischenrufe vom KPD-Abgeordneten Heinz Renner. Als Theodor Heuss die Diskussion in einer kulturpolitischen Polemik zusammenfasst, erntet er ausgerechnet vom Kommunisten kurz hintereinander mehrere zustimmende Kommentare. Schließlich platzt dem Schwaben der Kragen. »Renner, halten Sie mal eine Zeit Ihr Maul und seien Sie ruhig«, donnert er mit tiefer Stimme. Die Parlamentarier in der Aula der Pädagogischen Akademie toben. Das Protokoll vermerkt »große Heiterkeit und Beifall«. Konrad Adenauer greift als Vorsitzender zur Glocke, um für Ruhe zu sorgen. Er bleibt jedoch locker und wählt eine charmante Maßregelung: »Herr Heuss, ich nehme an, Herr Renner hat Ihnen das nicht übelgenommen.«

Heuss: »Er hat sich darüber gefreut.«

Renner: »Das wollte ich sogar hören.«

Heuss: »Verzeihung, aber ich bitte Sie, seien Sie mal eine Zeitlang ruhig! Es geht jetzt um sehr ernsthafte Dinge, die auf Ihren Beifall nicht den geringsten Wert legen.«[37]

Zu mühsam war das Ringen um den Kompromiss, um ihn vor der letzten Abstimmung noch durch Applaus von der falschen Seite zu gefährden: Artikel 6 stellt Ehe und Familie unter den »besonderen Schutz der staatlichen Ordnung«. Im zweiten Absatz heißt es: »Pflege und Erziehung der Kinder sind das natürliche Recht der Eltern und die zuvörderst ihnen obliegende Pflicht.« Artikel 7 ordnet dagegen das »gesamte Schulwesen« unter die »Aufsicht des Staates«. Zwar wird im vierten Absatz das Recht zur

Errichtung von privaten Schulen gewährleistet, sie müssen jedoch vom Staat genehmigt werden. Der bekommt damit den Bildungs- und Erziehungsauftrag in den Schulen und ist dort dem Elternrecht gleichgestellt.[38]

Der gesamte Staatsaufbau ist nach den Chaoserfahrungen in der Weimarer Republik auf stabile demokratische Verhältnisse ausgerichtet. Die Bonner Runde hat sich daher bewusst für eine repräsentative Demokratie entschieden, die weitgehend auf Volksabstimmungen verzichtet. Zu groß ist die Angst vor politischen Demagogen und Massenverführern von links und rechts.

Weil Parteien im repräsentativen System von zentraler Bedeutung sind, werden sie erstmals in der Verfassung verankert. Laut Artikel 21 wirken sie »bei der politischen Willensbildung des Volkes mit«. Sie müssen demokratisch strukturiert sein und über die Herkunft ihrer Mittel öffentlich Rechenschaft abgeben. Das Grundgesetz fördert damit die Parteien als Mittler zwischen Volk und Staat. Anstatt der direkten Demokratie sind sie es, die für Freiheit und Gleichheit im pluralistischen Wettbewerb sorgen sollen.[39] Damit fördert das Grundgesetz eine Art Trainingslager der Politik. Es dient dazu, das politische Profil der Parteien zu schärfen, Personal zu schulen und Verantwortungsbereitschaft für höhere Regierungsaufgaben zu entwickeln, schon bevor es auf die große parlamentarische Bühne geht.

Zudem wetzt der Parlamentarische Rat eine weitere Weimarer Scharte aus. Nie wieder soll es einer Partei wie der NSDAP gelingen, das demokratische System zu unterwandern. Der zweite Absatz des Artikel 21 sieht daher ausdrücklich vor, verfassungsfeindliche Parteien durch das Bundesverfassungsgericht verbieten zu lassen. Seit dem

Jahr 2017 schließt das Grundgesetz zudem deren staatliche Finanzierung und Steuerbegünstigung aus.

Die Hürde zum Parteienverbot ist hoch. Politische Äußerungen, die gegen das Grundgesetz verstoßen, reichen allein nicht aus. Entscheidend ist, ob eine verfassungsfeindliche Partei mit ihren Aktionen erfolgreich und die Demokratie tatsächlich bedroht ist.[40] In zwei Fällen wird Karlsruhe entsprechend urteilen. 1952 verbietet das Bundesverfassungsgericht die NSDAP-Nachfolgeorganisation Sozialistische Reichspartei (SRP) und 1956 die stalinistische Kommunistische Partei Deutschlands (KPD). Zweimal enden Verfahren gegen die Nationaldemokratische Partei Deutschlands (NPD) ohne Verbot. 2003 stellen es die Karlsruher Richter wegen der zahlreichen V-Leute ein, die der Verfassungsschutz auch in den Führungsgremien platziert hat. Eine Fernsteuerung der NPD sei dadurch nicht auszuschließen. Im zweiten NPD-Verbotsverfahren 2017 bestätigt das Bundesverfassungsgericht zwar, dass die NPD es auf die Beseitigung der freiheitlich demokratischen Grundordnung anlegt. Dem Gericht fehlen jedoch »konkrete Anhaltspunkte von Gewicht, die es zumindest möglich erscheinen lassen, dass dieses Handeln zum Erfolg führt«. Mit anderen Worten: Die NPD ist zu klein und unbedeutend, um die Demokratie ernsthaft zu gefährden.

In der Weimarer Verfassung hatten die Juristen in republikanischer Aufbruchsstimmung das Parlament mit viel Macht ausgestattet. Jederzeit konnte im Reichstag eine Mehrheit der Abgeordneten dem Kanzler das Vertrauen entziehen. Vor allem links- und rechtsextreme Parteien machten davon munter Gebrauch – ohne sich auf einen gemeinsamen Gegenkandidaten zu einigen. Die Folge: In 14 Jahren gab es 20 Regierungen.[41] Das hohe Maß an Instabilität beschleunigte den Vertrauensverlust in die junge Demokratie. Das Parlament wurde als »Quasselbude« verhöhnt.

Zu den Lehren aus Weimar gehört für den Parlamentarischen Rat daher ein starker Kanzler. Das Parlament kann ihn zwar stürzen. Das ist jedoch laut Artikel 67 nur mit einem konstruktiven Misstrauensvotum möglich, bei dem es zugleich einen Nachfolger wählen muss. Erstmals wird es der Bundestag im Jahr 1972 versuchen. Die CDU/CSU-Fraktion will den sozialdemokratischen Kanzler Willy Brandt wegen seiner Ostpolitik absägen und durch Rainer Barzel ersetzen. Der kriegt jedoch keine Mehrheit, Willy Brandt bleibt im Amt. Zehn Jahre später ist die CDU/CSU-Fraktion erfolgreich, weil die FDP die Seiten wechselt. Mit ihrer Unterstützung spricht sie Helmut Schmidt das Misstrauen aus und wählt Helmut Kohl zum neuen Kanzler.

Es ist ein Amt, das der Parlamentarische Rat mit viel Macht ausstattet. Der Kanzler bestimmt laut Artikel 65 die Richtlinien der Politik und trägt dafür die Verantwortung. Mit der Richtlinienkompetenz erhebt das Grundgesetz ihn zum Chef der Regierung. Die Kanzlerin oder der Kanzler gibt die Marschrichtung der Politik vor, wählt die Minister aus und hält die Fäden der Macht in der Hand.

Der Bundespräsident steht zwar formal an der Spitze des Staates. Er ist jedoch alles andere als ein Ersatzkaiser. Er kann weder eigenmächtig das Parlament auflösen und per Notstandsverfassung regieren noch auf eigene Initiative einen Kanzler ernennen, so wie Reichspräsident von Hindenburg 1933 Hitler an die Macht brachte. Während der

Reichspräsident der Weimarer Republik vom Volk gewählt wurde und damit über eine besondere Autorität verfügte, tritt für die Wahl des Bundespräsidenten nur zu diesem Zweck die Bundesversammlung zusammen. Sie besteht zu gleichen Teilen aus den Abgeordneten des Bundestages und Vertretern der Länder.

Das Parlament wird auf vier Jahre gewählt. Es kann nur aufgelöst werden, wenn der Bundeskanzler ihm die Vertrauensfrage stellt und keine Mehrheit bekommt oder wenn – was bisher noch nicht vorgekommen ist – bei der Wahl des Bundeskanzlers selbst eine einfache Mehrheit nicht zustande kommt.

Bis zum Schluss diskutiert die Bonner Runde darüber, wie die Volksvertretung heißen soll. SPD und FDP favorisieren den Namen »Volkstag«, CDU und CSU sind eher für »Bundestag«. Es geht hin und her. Die Abstimmungsergebnisse wechseln von einer Lesung zur anderen. Kurz vor dem Ende der Beratungen versucht sich die konservative Deutsche Partei, mit dem Vorschlag »Reichstag« öffentlichkeitswirksam in Szene zu setzen. Der Antrag hat jedoch keine Chance. Bei der letzten Lesung im Plenum macht schließlich der »Bundestag« das Rennen. Damit gibt es für alle Staatsorgane eine einheitliche Namensdiktion.[42]

Zu denen gehört auch das Bundesverfassungsgericht. Dafür gibt es bislang keinen Weimarer Vorläufer. Losgelöst von der übrigen Gerichtsbarkeit ist es allein dafür da, über die Einhaltung des Grundgesetzes zu wachen. Es klärt Streitigkeiten zwischen Bund, Ländern und verschiedenen Bundesorganen oder prüft Verfassungsbeschwerden von Personen, die sich etwa durch Verwaltungsentscheidungen in ihren Grundrechten verletzt fühlen.

Jede Frau und jeder Mann kann nach Karlsruhe gehen. Rund 5000 Bürger machen pro Jahr von der Verfassungsbeschwerde Gebrauch. Immerhin rund 150 von ihnen sind damit erfolgreich. Wie jene jungen Umweltschützer, die 2019 gegen das neue Klimaschutzgesetz vors Bundesverfassungsgericht zogen. Sie bekamen recht. Das Gesetz zur Reduzierung von Treibhausgasen erlaube den heute Lebenden einen zu hohen Verbrauch von CO_2. Es schränke damit die Freiheitsrechte künftiger Generationen ein, urteilte das Gericht und zwang den Gesetzgeber zur Nachbesserung. Juristen preisen die Möglichkeit der Verfassungsbeschwerde als eine »politische Perle«, die Karlsruhe zu einem »Bürgergericht par excellence« gemacht hat.[43]

Die Richterinnen und Richter in den roten Roben fungieren zudem als konstitutioneller Kompass, der das politische System auf Kurs hält. Die Verfassung gibt schließlich nur die allgemeinen Normen und Werte für die Gesellschaft vor. Sie lässt Raum für künftige Entwicklungen, auf die dann die Politik entsprechend reagieren muss. Wie sollen die Mitglieder des Parlamentarischen Rates wenige Monate nach der Einführung der D-Mark auch wissen, dass es eines Tages um den Euro geht? Wie können sie im homophoben Nachkriegsdeutschland ahnen, dass einmal ein Lebenspartnerschaftsgesetz zur Debatte steht?

Dennoch diskutieren sie im Parlamentarischen Rat bis zuletzt darüber, was in die Verfassung gehört und was in die übrigen Gesetzbücher. Dazu gehört auch die Abschaffung der Todesstrafe. Schon früh haben sie die Menschenwürde im ersten Artikel und das Recht auf Leben und körperliche Unversehrtheit im zweiten Artikel beschlossen.

Jetzt »müssen wir Farbe bekennen«, fordert Friedrich Wilhelm Wagner. Es ist jener Sozialdemokrat, der im März 1933 nach seiner Flucht aus dem Gefängnis und aktiver Widerstandsarbeit in Frankreich mit dem Schlimmsten rechnen musste und sich schließlich nach New York rettete. In einer leidenschaftlichen Rede beantragt er die Abschaffung der Todesstrafe: »Wir haben eine Zeit der schwersten Barbarei und der tiefsten Erniedrigung des Menschentums hinter uns.« Nie wieder solle der Staat das Recht haben, das Leben zu nehmen.[44]

Carlo Schmid hat als junger Referendar in Tübingen einer öffentlichen Hinrichtung beiwohnen müssen. Sie hat ihn auch wegen der vielen Schaulustigen derart entsetzt, dass er fortan die Todesstrafe ablehnt. Die Gesellschaft, »die trotz unseres heutigen Wissens um die Antriebe des Menschen an der Todesstrafe festhält«, beflecke sich selbst. Es sei erbärmlich, wie sie mit »dem Mysterium des Todes« umgehe. Im Parlamentarischen Rat kämpft er daher mit Wagner dafür, »den Verzicht auf den Henker zu einem der Grundgesetze des Staates zu machen«.[45] Es gelte, das »Töten von Amts wegen« zu beenden.[46]

Die Diskussion schlägt in der Öffentlichkeit hohe Wellen. Bürger schreiben an den Parlamentarischen Rat. Rufe nach einer Volksabstimmung werden laut. Davon hält Carlo Schmid jedoch gar nichts. Alle Umfragen hätten bisher gezeigt, dass mehr als 70 Prozent der Bevölkerung für die Beibehaltung der Todesstrafe seien, antwortet er einem Briefeschreiber. »Der humanitäre Fortschritt war bisher nur selten den Massen zu verdanken.«[47] Erst am 5. Mai beschließt der Hauptausschuss den Satz: »Die Todesstrafe ist abgeschafft.«

Einen Tag später versucht der Hamburger CDU-Abgeordnete Paul de Chapeaurouge im Plenum mit einem Streichungsantrag ein letztes Mal das Blatt zu wenden. Das Thema gehöre ins Strafrecht und könne im künftigen Bundestag verhandelt werden.[48] Die SPD beharrt jedoch darauf, die Abschaffung der Todesstrafe ins Grundgesetz zu nehmen. »Das Leben ist etwas unantastbar Heiliges«, ruft Friedrich Wilhelm Wagner im Plenum aus. Der Staat müsse davor Respekt haben.[49] Mit Erfolg. Der Artikel 102 bleibt: »Die Todesstrafe ist abgeschafft.«

Am Sonntagnachmittag um 15.16 Uhr eröffnet der Präsident die zehnte und letzte Lesung im Plenum. Alle 65 Mitglieder des Parlamentarischen Rates sind in der Aula der Pädagogischen Akademie versammelt. Es wird eine achtstündige Marathonsitzung. Mehrfach mahnt Konrad Adenauer zur Eile, um das geschichtsträchtige Datum einzuhalten. Man müsse »hier nicht die Zehn Gebote beschließen«.[50] Das ist ein frommer Wunsch des Alten, schließlich ist die Plenumssitzung öffentlich. Während sich draußen einige Zaungäste die Nasen an der Fensterfront plattdrücken, sitzen auf der Tribüne die Journalisten. Für die Parteien ist das Forum daher eine Gelegenheit, die eigenen Positionen auch im Hinblick auf den kommenden Wahlkampf zu präsentieren.

7. Deutsch-deutsches Dilemma

Als Erstes steht ein Antrag der KPD-Fraktion auf der Tagesordnung. Heinz Renner fordert erneut die sofortige Kontaktaufnahme mit dem ostdeutschen Volksrat. »Angesichts der Bedeutung der Stunde« sollten die Parteien die bestehenden Differenzen aus der Welt schaffen, um »endlich als Vertretung des gesamtdeutschen Volkes zusammenzufinden«.[1]

Im Rückblick mag sich die Frage stellen, ob der deutsch-deutsche Schulterschluss tatsächlich eine Alternative gewesen wäre. War die Forderung der KPD-Abgeordneten Reimann und Renner vielleicht sogar berechtigt, »die Arbeit an dem Grundgesetz für den westdeutschen Rumpfstaat« einzustellen und Gespräche mit dem Deutschen Volksrat aufzunehmen?[2] Hätte sich die deutsche Teilung mit all den traumatischen Folgen verhindern lassen, wenn sich der Westen mit Russland auf ein geeintes, neutrales Deutschland verständigt hätte?

Die Antwort gibt an diesem Sonntagnachmittag eine bemerkenswerte Aussprache in der Aula der Pädagogischen Akademie. »Ich habe keine Furcht, mich in der Sorge um Deutschland auch mit Kommunisten an einen Tisch zu setzen«, erklärt als Erster der Berliner Delegierte Jakob Kaiser, jener von den Sowjets abgesetzte Vorsitzende der Ost-CDU. Ohne eine gemeinsame Gesinnung ergebe das jedoch keinen Sinn. Der Volksrat sei von der SED kontrolliert und keine demokratische Einrichtung. Daher könne er für die Mitglieder des Parlamentarischen Rates kein Verhandlungspartner sein.[3]

Carlo Schmid folgt mit einer Rede, die das deutsch-deutsche Dilemma auf den Punkt bringt. Er hoffe, dass es in Paris zu einer Einigung der vier Mächte komme und die konstitutionelle Einheit Deutschlands wiederhergestellt würde. Es könne jedoch nur eine Einheit in Freiheit sein mit demokratischen Lebensbedingungen im Westen wie im Osten. Diese Homogenität fehle jedoch. In einem Teil Deutschlands führen die Menschen ein liberales Leben, das auf dem Respekt vor der Einzelpersönlichkeit beruht. Im anderen Teil geben dagegen Konzentrationslager, Zwangsverschickungen, Gleichschaltung und Polizeiherrschaft »dem politischen Leben das Gepräge«.[4] Schließlich läuft er zu rhetorischer Hochform auf: »Wir wollen eine Einheit, die auch dem Osten Deutschlands die Freiheit gestattet, nicht eine, die dem Westen die Freiheit raubt.« Das sei nur durch freie Wahlen zu erreichen. »Freie Wahlen heißt Wahlen, deren Vollzug unter der Kontrolle der Wähler steht und nicht unter der Kontrolle irgendeiner Staatspolizei oder Staatspartei. Freie Wahlen heißt freier Wettbewerb aller demokratischen Parteien.« Und das wiederum hieße, dass »Kurt Schumacher in Leipzig sprechen kann, Herr Adenauer in Halle und Herr Kaiser in Magdeburg!«[5]

Der Volksrat der Ostzone sei dagegen dabei, ein anderes Regime zu errichten. Es sei ein Deutschland, das sie im

Westen so wenig wollen wie die tschechischen Demokraten jene Tschechoslowakei wollten, die im Februar 1948 auf Druck der Sowjets durch einen kommunistischen Staatsstreich entstanden ist. »Wir wollen nicht ein Deutschland, in dem Buchenwald sich wieder mit Häftlingen füllt. Wir wollen nicht ein Deutschland, in dem man unsere Jugend unter die Erde schickt, damit sie Uran für Atombomben graben soll«, fährt Schmid fort und nimmt vorausschauend den DDR-Unrechtsstaat vorweg: »Wir wollen nicht ein Deutschland, in dem das Regime der Blockwalter zur Bespitzelung der Bevölkerung neu geschaffen wird. Wir wollen nicht ein Deutschland, in dem die Polizei, wenn auch unter dem etwas lyrischen Namen ›Volkspolizei‹, allmächtig ist. Und wir wollen nicht ein Deutschland, in dem es politisch nur eine Einheitsmeinung in einer Einheitspartei geben darf.«[6] Ein solches Zwangsregime können die westdeutschen Demokraten nicht hoffähig machen: »Wir wollen unsere Landsleute im Osten nicht enttäuschen«, erklärt Carlo Schmid abschließend, »und darum, Herr Renner, sagen wir nein!«[7] Das Protokoll vermerkt »lebhaften Beifall«. Der Antrag der Kommunisten wird abgelehnt.

Adenauer führt die Beratung fort. Dabei hat er ständig die Uhr im Blick. Niemand darf die vorgegebene Redezeit überschreiten. Schließlich sind bis 24 Uhr noch einige Artikel zu beschließen.

Die Flaggenfrage ist noch offen. Wie soll das Symbol für den künftigen Staat aussehen? Es kommen »wohl nur die schönen Farben der deutschen Einheits- und Freiheitsbewegung in Frage, die Farben Schwarz-Rot-Gold!«, hatte Carlo Schmid schon bei seinem Eröffnungsvortrag am 8. September in der Aula der Pädagogischen Akademie erklärt. Sie sollen auf die Lützower Freikorps zurückgehen, die 1813 im Befreiungskrieg gegen Napoleon kämpften. Zu den Freiwilligen gehörten damals viele Studenten, die mit billig eingefärbten schwarzen Uniformen, roten Besätzen und goldenen Knöpfen in den Unabhängigkeitskampf zogen. Die Farben wurden schnell zum Symbol für den Kampf um die Einheit und Freiheit des deutschen Volkes. Schwarz-rot-golden war die Flagge der Frankfurter Nationalversammlung von 1848 und der Weimarer Republik. Der Tradition wollen die Sozialdemokraten treu bleiben. Carlo Schmid beantragt daher für den Artikel 22 die Formulierung: »Die Bundesflagge ist schwarz-rot-gold.«

Die CDU will dagegen zusätzlich das Kreuz auf der Fahne haben. Weil es »uns ein Symbol der abendländischen Kultur in Jahrhunderten der Geschichte der Menschheit gewesen ist«, heißt es in der Begründung.[8] Der SPD-Abgeordnete Ludwig Bergsträsser kontert: Der Flagge der Weimarer Republik sei »dieselbe, die heute über diesem Haus weht. Wir wollen, dass diese Flagge so und in derselben Form die Flagge des Deutschen Bundes werde.« Man sei nicht aus Religionsfeindschaft gegen das Kreuz. Vom Standpunkt der Religion wie vom Standpunkt des Staates sei es dagegen besser, »wenn diese beiden Gewalten nicht miteinander vermengt werden«.[9] Die überwältigende Mehrheit der Bonner Runde sieht es ebenso. Bei der Abstimmung zählt Konrad Adenauer 49 Ja- und eine Neinstimme für den Antrag von Carlo Schmid.

Als Nächstes geht es um die Frage, wer das Grundgesetz legitimiert. Im vergangenen Sommer hatten sie den Militärgouverneuren nach langen Diskussionen die Zusage abgerungen, die Verfassung von den Landtagen verabschieden zu lassen. Jetzt beantragt die CDU wegen der höheren Legitimität durch den Souverän eine Volksabstimmung. Der Hintergrund: Die bayerische Landesregierung hat am Tag zuvor beschlossen, das Grundgesetz abzulehnen. Es sei ihr zu wenig föderalistisch.[10] Stattdessen soll es in Bayern eine Volksabstimmung darüber geben. Das möchten nun auch andere CDU-geführte Länder. Die FDP befürchtet ein Debakel, wenn in einem Bundesland das Volk abstimmen darf, im anderen jedoch der Landtag entscheidet.

Carlo Schmid spricht sich entschieden gegen ein Referendum aus. Noch einmal gibt er die Parole vom Provisorium aus. Bloß nicht das Grundgesetz für den westdeutschen Staat durch »das Pathos« einer Volksabstimmung aufwerten. »Wir haben doch hier nur einen Schuppen, einen Notbau«, erklärt Schmid. Dem solle man nicht »die Weihe geben, die dem festen Hause gebührt«.[11] So spricht der, der das Grundgesetz maßgeblich zu einer vollständigen Verfassung und einer konstitutionellen Glanzleistung gemacht hat. Es ist das Bekenntnis zur deutschen Einheit, um deren Willen er jetzt das große Werk kleinredet. Das Plenum folgt ihm und lehnt die Volksabstimmung ab.[12]

Die Flut der Anträge, die ohnehin keine Chance auf eine Mehrheit haben, ebbt nicht ab. Immer wieder blickt Konrad Adenauer nervös auf die Uhr. Als ein Abgeordneter fragt, ob er von seinem Platz aus sprechen darf, erwidert der Präsident: »Ich bin der Auffassung, dass man den Rednern das Sprechen möglichst schwer machen soll.«[13] Wieder mal hat er die Lacher auf seiner Seite.

Irgendwann ist es geschafft. Alle Schreibfehler sind korrigiert, und auch der Schlussartikel 146 ist beschlossen: »Dieses Grundgesetz verliert seine Gültigkeit an dem Tage, an dem eine Verfassung in Kraft tritt, die von dem deutschen Volk in freier Entscheidung beschlossen worden ist.«

Ein letztes Mal vor der Abstimmung können die Fraktionen Erklärungen abgeben. Die Stimmung in der Pädagogischen Akademie ist aufgeladen. Am Vormittag hat Konrad Adenauer versucht, seine Kollegen in der CSU zur Stimmenthaltung zu überreden.[14] Vergeblich, sie wollen Nein zum Grundgesetz sagen. Der Abgeordnete Josef Schwalber begründet im Plenum die Ablehnung seiner Fraktion. Das Grundgesetz schwäche den Bundesrat und nehme den Ländern durch das »Finanzwesen des Bundes« die Möglichkeit einer eigenen Finanzwirtschaft. Zudem bekenne es sich »nicht eindeutig und entschieden zu den Gedanken unserer christlichen Staatsauffassung«.[15] Abschließend erklärt er, »daß wir uns trotz unserer Einwendungen gegen das Grundgesetz dem neuen Staat und Gesamtdeutschland aus tiefstem Empfinden verpflichtet fühlen«. Ganz wollen sie die Tür zum neuen Haus also nicht zuknallen.

Der bayerische FDP-Abgeordnete Thomas Dehler reagiert mit einer aufgebrachten Rede auf die Verweigerungshaltung seiner Landsleute. Er wirft den Neinsagern vor, verantwortungslos zu sein und die Unwahrheit zu sagen. Sie hätten die Arbeit am Grundgesetz von Anfang an sabotiert.[16] Monat um Monat habe man darum gerungen, den Wünschen der CSU und der Kirchen entgegenzukommen. »Der Dank war, daß sie immer wieder nein sagen.«[17]

Konrad Adenauer ruft ihn schließlich zur Ordnung: »Die Arbeit in einem Parlament ist nicht möglich, wenn der Vorwurf erhoben wird, der Andersdenkende habe bewusst sabotiert.«[18] Gleichzeitig bittet er die Anwesenden, nicht in den gleichen Ton zu verfallen. Ein Streit ist das Letzte, was er jetzt braucht.

Theodor Heuss hält es für sinnlos, die geleistete Arbeit »durch einen Katalog des Missbehagens zerreden zu wollen«. Der Parlamentarische Rat habe nach dem Zusammenbruch ein »ganz kleines Stück festen Boden für das deutsche Schicksal« geschaffen. Dann sagt er einen Satz, der noch Jahrzehnte später nachhallen wird: Der 8. Mai 1945 bleibe »die tragischste und fragwürdigste Paradoxie der Geschichte für jeden von uns. Warum denn? Weil wir erlöst und vernichtet in einem gewesen sind.«[19]

Um 23.35 Uhr bricht Konrad Adenauer die Reihe der Erklärungen ab, um die Schlussabstimmung vor Mitternacht zu beenden und damit den Jahrestag der Kapitulation einzuhalten. Er bittet die Abgeordneten, sich zu erheben und durch lauten Zuruf ihre Stimme abzugeben. Adenauer: »Ja!«, Bauer: »Ja!«, Becker: »Ja!«, tönt es in alphabetischer Reihenfolge durch die Aula der Pädagogischen Akademie. Dehler: »Ja!« ... Heuss: »Ja!« ... Selbert: »Ja!«. Manchmal ist ein Nein zu hören. Anton Pfeiffer von der CSU, der als Gastgeber des Verfassungskonvents auf Herrenchiemsee von Anfang an dabei war, klingt dabei eher kleinlaut. Er sagt es mit leiser und brüchiger Stimme, schreibt der Spiegel.[20] Wohl scheint ihm nicht dabei zu sein, den Kompromiss der Bonner Runde zurückzuweisen. Am Morgen hat er den Vorsitz der CDU/CSU-Fraktion niedergelegt. Ein paar Tage später wird er ihn allerdings wieder übernehmen.[21]

Von den acht CSU-Abgeordneten ziehen jedoch nur sechs Abgeordnete mit. Karl Sigmund Mayr und Kaspar Gottfried Schlör aus Franken widersetzen sich dem Fraktionsdruck und stimmen mit Ja. Sie sind gegen den extremen Föderalismus ihrer Partei und haben sich schon bei vorherigen Abstimmungen für eine zentralistische Finanzhoheit sowie eine straffe Bundesverwaltung ausgesprochen. Zwei weitere Ablehnungen kommen aus bekannten Gründen von der KPD. Zudem lehnen die vier Abgeordneten vom Zentrum und der Deutschen Partei das Grundgesetz aus Gewissensgründen, etwa wegen des Elternrechts, ab. Um 23.55 Uhr verkündet Konrad Adenauer die Annahme des Grundgesetzes mit 53 zu zwölf Stimmen. Das Protokoll vermerkt »lebhaften Beifall«.

Konrad Adenauer ist erleichtert. »Der 8. Mai 1949 ist wohl in Wahrheit für uns Deutsche der erste frohe Tag seit dem Jahre 1933«, erklärt er nach Mitternacht in der Schlussrede.[22] Zugleich drängt der Präsident weiter. Die Militärgouverneure müssen schließlich noch ihr Okay geben. An sie richtet er »die dringende Bitte, das Grundgesetz schnellstens zu genehmigen«. Die Ministerpräsidenten mögen in den Landtagen ebenfalls für eine rasche Ratifizierung sorgen. »Noch haben wir keinen Bundestag, keine Bundesregierung, noch haben die 45 Millionen Deutsche in den Westzonen niemanden, der sie nach außen hin vertritt«, mahnt Adenauer. Er verweist auf die Pariser Konferenz, auf der »vielleicht endgültig über unser Geschick entschieden wird!« Andererseits, fügt der alte Fuchs befriedigt hinzu, werden sie die Tatsache zur Kenntnis nehmen müssen, »die wir heute durch unseren Beschluss hier in Bonn geschaffen haben«.[23] Das Grundgesetz ist fertig. Daran kommt jetzt keiner mehr vorbei.

Höchste Zeit also, die Standortfrage zu klären. Die Vier-Mächte-Stadt Berlin scheidet als Sitz für das Parlament und die Regierung aus. Seit Monaten diskutieren sie im

Parlamentarischen Rat über die Alternativen. Außer Bonn hat sich Frankfurt beworben, wo bereits der Wirtschaftsrat für die Bizone sitzt und die Amerikaner ihr Hauptquartier aufgeschlagen haben. Weitere Anwärter sind Kassel und Stuttgart, die jedoch wegen mangelnder Unterstützung der Bevölkerung bald aus dem Rennen sind.

Welche Vorteile hätte die beschauliche Universitätsstadt Bonn gegenüber der traditionsreichen Banken- und Handelsmetropole Frankfurt, der Stadt der Kaiserkrönungen und der Paulskirche, die wegen der Bizonenverwaltung bereits beträchtliche Mittel in die Infrastruktur investiert hat?[24] Eine Menge, findet Konrad Adenauer. Bereits im Herbst 1948 hat er dem Chef der nordrhein-westfälischen Staatskanzlei, Hermann Wandersleb, erklärt: »Die Leute fühlen sich hier so wohl, dat sie jar nicht mehr wegwollen. Jetzt können wir daranjehen, einen Vorschlag in der Richtung zu machen, dat Bonn vorläufig Bundeshauptstadt wird.«[25] Weniger die Nähe zu seinem Wohnort Rhöndorf dürfte den Ausschlag gegeben haben als vielmehr machtpolitisches Kalkül.

Wenn alles gut geht, finden im Sommer die ersten Wahlen zum deutschen Bundestag statt. Der erste Kanzler wird gewählt und die erste Bundesregierung gebildet werden. Die Industriestadt Frankfurt ist anders als die Beamtenstadt Bonn eine SPD-Hochburg. Vor einer solchen Hauptstadt-Kulisse hätten CDU und CSU wohl eher schlechte Karten.

Das katholische Rheinland war für Adenauer und seine Anhänger zudem stets ein zentrales Kraftzentrum im deutschen Staatswesen. Dort gebe es eine »europäische« Tradition. Das Schlimme am »Preußischen«, das sich für das

Schicksal Gesamtdeutschlands so verhängnisvoll ausgewirkt habe, konnte am Rhein nie recht Fuß fassen, erklärt er bei jeder Gelegenheit.[26] Das Land Nordrhein-Westfalen mit Ministerpräsident Karl Arnold (CDU) unterstützt die Bonn-Pläne vehement. Auch gegenüber den britischen Besatzern kann der Präsident des Parlamentarischen Rates punkten: Eine Bundeshauptstadt am linken Flussufer wäre ein starkes Statement gegen Frankreichs latente Ansprüche auf linksrheinisches Gebiet.[27] Die Briten, kann Adenauer schließlich verkünden, seien sogar bereit, Bonn aus ihrer Militärverwaltung freizugeben. In Frankfurt sei von den Amerikanern eine solche Entmilitarisierung angeblich nicht zu erwarten. Mit ihrem Hauptquartier und den zahlreichen Verwaltungsstellen würden sie in anderen Städten keinen Platz finden.[28] Die Argumentation ist erstaunlich, denn bald darauf werden die Amerikaner mit dem ganzen Tross nach Heidelberg umziehen.

Ein regelrechter Lobbykampf um die künftige Hauptstadt entbrennt. Die jeweiligen Sprecher veröffentlichen Kostenkalkulationen für die staatstragende Ertüchtigung der beiden Städte, halten Werbevorträge mit Diashows, verschicken Briefe und Telegramme. »Die tollsten Gerüchte wurden kolportiert. Man sprach von Versuchen der Interessenten, sich der Gunst bestimmter Abgeordneter zu versichern«, schreibt Carlo Schmid in seinen Memoiren. »In diesem Stadium der Vorgänge habe ich mich bemüht, der Sache auf den Grund zu kommen. Bestenfalls wäre dabei eine Moritat herausgekommen.«[29]

Carlo Schmid ist wie der SPD-Vorsitzende Kurt Schumacher für die Main-Metropole als künftige Hauptstadt. Nur die Berliner Genossen, allen voran Ernst Reuter, favorisieren das unscheinbare Bonn als provisorischen Sitz der Bundesorgane. Es würde den späteren Umzug nach Berlin erleichtern. Im Parlamentarischen Rat bleibt die SPD-Fraktion jedoch beim Votum für Frankfurt. Daran ändern auch die listenreichen Versuche Konrad Adenauers nichts, den Anti-Bürokraten Carlo Schmid von den Vorzügen Bonns zu überzeugen. Dort könne man sich ausgezeichnet auf das Politische konzentrieren und stünde nicht unter dem massiven bürokratischen Druck der Militärregierung wie in Frankfurt, lockt er den SPD-Fraktionsvorsitzenden. Man werde nur so viel Bürokratie nach Bonn verlegen, wie zur technischen Vorbereitung der politischen Entscheidungen von Parlament und Regierung nötig sei. Außerdem gebe es in Bonn nicht die Gefahr von Massendemonstrationen.[30]

Konrad Adenauer scheint sich seiner Sache ziemlich sicher zu sein. Bereits im Februar hat er als Hausherr des Parlamentarischen Rates den Auftrag zum Ausbau der Pädagogischen Akademie gegeben. Schließlich würde man Platz für Bundestag und Bundesrat benötigen. Die Verabschiedung des Grundgesetzes stand zu dem Zeitpunkt noch in den Sternen. Davon ließ sich Adenauer jedoch ebenso wenig bremsen wie durch die fehlende Baugenehmigung. Die kam erst am 5. Mai zum Richtfest, also fünf Tage vor der Abstimmung über die Bundeshauptstadt.[31] Der Alte hat sich damit weit aus dem Fenster gelehnt. Jetzt geht er auf Nummer sicher.

Am 10. Mai lässt er vormittags eine geheime Probeabstimmung in der CDU/CSU-Fraktion durchführen: Sie ergibt 21 Stimmen für Bonn, 6 Stimmen für Frankfurt. Das würde nicht reichen. Da kommt dem Schlitzohr ein Gerücht zu Hilfe, das gegen Mittag in der Pädagogischen Akademie kursiert. Auf einer Vorstandssitzung in Köln soll sich der SPD-Vorsitzende Kurt Schumacher in »provokatorischer Form« gegen die Wahl Bonns ausgesprochen haben. Die wahrscheinliche Wahl Frankfurts als Bundessitz bedeute eine Niederlage für die CDU/CSU.[32] Adenauer verbreitet das Gerücht in seiner Fraktion und deklariert es zur Meldung des Deutschen Presse-Dienstes (dpd).[33] So bekommt die Geschichte einen offiziellen Anstrich. Die vermeintliche Nachricht wird von der SPD umgehend dementiert. Vergebens. Adenauer kann die Fraktion auf die Stadt seiner Wahl einschwören. Bei der geheimen Abstimmung am späten Abend im Plenum wählt der Parlamentarische Rat mit 33 zu 29 Stimmen Bonn zur vorläufigen Bundeshauptstadt. Konrad Adenauer hat einen weiteren Etappensieg errungen.

Der 12. Mai ist ein Donnerstag. In der Nacht hat die Sowjetunion wie angekündigt die Grenzen zwischen den Westzonen, der Ostzone und Berlin geöffnet. Begeisterte Menschen stehen um Mitternacht am Schlagbaum Helmstedt/Marienborn Spalier und jubeln den Lkw-Fahrern zu. Endlich können sie wieder durch das sowjetische Besatzungsgebiet nach Berlin fahren. In der Gegenrichtung startet um sieben Uhr morgens vom Bahnhof Berlin-Charlottenburg der erste »Interzonen-Omnibus« nach Hannover. »Hurra wir leben noch«, steht auf einem Plakat, das vor der Kühlerhaube befestigt ist.[34] Züge aus dem Westen bringen den Berlinern Waren, die sie seit fast einem Jahr schmerzlich vermisst haben: frische Kartoffeln, die in großen Mengen auf den Straßen frei verkauft werden. Zehn Pfund kosten 55 Pfennig. Außerdem treffen »1.700 Tonnen Apfelsinen und Zitronen« ein, kündigt der Tagesspiegel begeistert an.[35] Lange Schlangen bilden sich vor den Lebensmittelläden. Im Schaufenster eines Feinkostgeschäftes in Friedenau liegen plötzlich Köstlichkeiten wie »Original Nordsee-Krabben«, 125 Gramm für 1,15 Mark, und Makrelen in Öl für 1,60 Mark. »Auf den Wochenmärkten gibt es Gemüse in großer Auswahl. Das Pfund Rhabarber kostet 25 Pfennig, Sauerkohl 30 Pfennig.« Einer der ersten Lkw, die in Berlin aus dem Westen ankommen, hat »Speiseeis aus Schleswig-Holstein« geladen. Noch in der Nacht zum Donnerstag ist der Fahrer losgefahren. In Berlin parkt er einfach irgendwo am Straßenrand und öffnet die Ladefläche. Schnell ist sein Laster von einer Menschentraube umringt. Die Leute drängeln und recken ihm die Geldscheine entgegen. Innerhalb kurzer Zeit sind 10.000 in Goldpapier eingewickelte Würfel Vanilleeis der Marke »Pinguin« verkauft.[36]

Die Stadtverordnetenversammlung begeht mit einer Festsitzung das Ende der Blockade. General Clay steht im Mittelpunkt. Er hat die Luftbrücke gestartet und in regelmäßigen Telefonkonferenzen mit Washington die amerikanische Regierung bekniet, Berlin zu halten. Dank seiner Initiative entwickelte sich die Aktion zu einer der größten Bravourleistungen der Luftfahrt. Seit Juni 1948 haben Amerikaner und Briten nach einem ausgeklügelten Plan von neun westdeutschen Flugplätzen aus alles herangeschafft, was eine Zwei-Millionen-Stadt zum Überleben braucht. Am Ende kamen sie mit fast 280.000 Flügen auf über zwei Millionen Tonnen Versorgungsgüter.[37] 86 Piloten, Mitarbeiter der alliierten Luftstreitkräfte und deutsche Hilfskräfte kamen dabei ums Leben.[38] Die Transportkosten in Höhe von 200 Millionen Dollar trugen die amerikanischen und britischen Steuerzahler.

Dieser 12. Mai ist der letzte Arbeitstag von General Clay in Deutschland. Bevor er sich mit den Worten »Auf Wiedersehen!« von den Stadtverordneten verabschiedet, würdigt er neben den Piloten die Berliner als Helden. Sie seien immer bereit gewesen, die notwendigen Opfer für die Freiheit auf sich zu nehmen. »Nicht ein einziges Mal haben sie uns im Stich gelassen.« Dieser Geist möge in die künftige deutsche Bundesregierung einziehen. »Wir alle wollen ein einheitliches Deutschland sehen«, sagt Clay schließlich. Das dürfe jedoch nicht ohne jene Grundrechte geschehen, »die in der Bonner Verfassung niedergelegt wurden«.[39] Das klingt nach einer guten Nachricht für den Parlamentarischen Rat, der mit einer Delegation ebenfalls an der Festsitzung teilnimmt.

In der Stadt herrscht Feiertagsstimmung. Die Kinder haben schulfrei. Am Nachmittag schließen die Geschäfte schon um 15 Uhr. Alle sollen Gelegenheit haben, an der großen Freiheitskundgebung teilzunehmen. Das Wetter passt zum Anlass. Blauer Himmel, Sonnenschein. Zwei Stunden später ist der Rudolf-Wilde-Platz vor dem Schöneberger Rathaus überfüllt. 500.000 Menschen sind gekommen. Sie blockieren die umliegenden Straßen. Auf den Dächern und in den Ruinen ist kein Mauervorsprung mehr frei, als die Ansprachen beginnen.

Die Bonner wissen, was sie den Menschen schuldig sind. Konrad Adenauer dankt den »Berlinerinnen und Berlinern« für die Standhaftigkeit, mit der sie »die Voraussetzung für das Verfassungswerk geschaffen haben«. Beifall brandet auf, als Carlo Schmid ans Mikrofon tritt. »Der Westen Deutschlands und vielleicht die ganze westliche Welt beziehen ihre moralischen Kalorien aus Berlin«, erklärt er. »Ohne das Vorbild dieser Stadt hätten wir die Offensive aus dem Osten kaum abwehren können.« Weitere fünf Männer halten eine Rede. Otto Suhr, der Vorsteher der Stadtverordnetenversammlung, ist darunter und Jakob Kaiser, der abgesetzte Vorsitzende der Ost-CDU.[40] Schließlich ergreift Oberbürgermeister Ernst Reuter das Wort. Als er schließlich die Kundgebung beenden will, gibt es Widerspruch aus der Menge. Die hat zwischen den Honoratioren vor dem Schöneberger Rathaus jene Frau entdeckt, die in den schwersten Monaten der Blockade als Oberbürgermeisterin für sie da war. »Louise!«, rufen die Leute, »Louise!« Sie skandieren ihren Namen, bis Ernst Reuter reagiert und seine Stellvertreterin ans Mikro bittet. Das alte Filmdokument zeigt, wie Reuter nervös auf seine Armbanduhr blickt. Die Frau mit dem altmodischen Hut auf dem Kopf und dem Pelzkragenmantel lässt sich jedoch nicht aus der Ruhe bringen. Louise Schroeder genießt ihren Auftritt sehr. Strahlend dankt sie den Menschen für Treue und Durchhaltevermögen.[41] Schließlich wendet sie sich explizit an die Berlinerinnen. Sie seien es gewesen, die seit vier Jahren an der Aufräumung der Stadt arbeiteten. »Wir Frauen wollen in Zukunft nicht nur physisch, sondern auch geistig mit unseren Männern zusammen diese Stadt wiederaufbauen.«[42] Endlich bestehe wieder Hoffnung für »Eltern, Kinder und Geschwister, die in Sektoren und Zonen nicht zueinanderkommen konnten, sich wieder zu sehen«.

Die Hoffnung währt nur kurz. Es wird noch viel schlimmer kommen. Die Berlin-Blockade ist nur ein Vorspiel zu jener Teilung der Stadt, die mit dem Bau der Mauer 1961 eine ganz neue, totale Dimension bekommen wird.

Die Bonner müssen noch am Abend zurück in den Westen. Die Militärgouverneure haben sie nach Frankfurt einbestellt. Um 21.30 Uhr werden Konrad Adenauer und eine 14-köpfige Delegation des Parlamentarischen Rates im Frankfurter IG-Farben-Gebäude empfangen. Neun Monate lang sind die Militärgouverneure den Deutschen hier beratend, warnend und drohend entgegengetreten. Dieses Mal sind sie ausgesprochen freundlich. Erstmals dürfen Konrad Adenauer, Carlo Schmid und all die anderen vor dem offiziellen Treffen zur VIP-Behandlung ins Casino. Clay lässt seine Zigarettendose rumgehen.[43] General Robertson entschuldigt sich sogar für den kurzfristigen Termin. Der nächste Tag wäre Freitag, der 13. gewesen. Sorry, aber eine Nachricht von so großer Tragweite können sie nicht unter einem derart schlechten Vorzeichen mitteilen. Zudem möchte General Clay seinen Abschied aus Deutschland gleichzeitig mit den Feierlichkeiten zum Ende der Blockade und dem »Geburtstag« der Bundesrepublik nehmen.[44] Die Ministerpräsidenten der westdeutschen Länder sind ebenfalls anwesend. Nachdem einige Freundlichkeiten ausgetauscht sind, teilt Robertson den Anwesenden offiziell die Zustimmung zum Grundgesetz mit. Er liest einen Brief vor, der an Präsident Konrad Adenauer gerichtet ist und den er ihm anschließend überreicht. Es herrsche »aufrichtige Befriedigung über die Arbeit des Parlamentarischen Rates«, erklärt der britische General. Die Militärgouverneure seien sich darüber klar, wie »verwickelt und schwierig« die Suche nach einem Kompromiss zwischen den Fraktionen gewesen sei. Die Arbeit habe sich jedoch gelohnt: »Wir glauben, dass dieses Grundgesetz eine Verfassung darstellt, unter der Freiheit und wahre Demokratie gedeihen können.«[45]

Schließlich bannt Robertson das Schreckgespenst, das in den vergangenen Tagen durch die Pädagogische Akademie gegeistert war. Die westlichen Regierungen hätten sich bei der Zustimmung zur Pariser Konferenz ausdrücklich nicht verpflichtet, die Errichtung einer Regierung in Westdeutschland zu ändern oder zu verzögern. Die Aufgabe lautet daher, »die Durchführung dieses Grundgesetzes, mit dem Ziel der Errichtung einer deutschen Regierung vorzunehmen«.[46] Offenbar haben die westlichen Alliierten nie ernsthaft in Erwägung gezogen, die Gründung der Bundesrepublik Deutschland platzen zu lassen. Schließlich bekommt der Bremer Oberbürgermeister Wilhelm Kaisen (SPD) als Vorsitzender der Ministerpräsidentenkonferenz die Erlaubnis, das Grundgesetz in den Landtagen zur Abstimmung vorzulegen.[47]

Die Länder erledigen den Auftrag umgehend und nehmen das Verfassungswerk an. Nur Bayern, das auf die föderalistische Gestaltung erheblichen Einfluss ausgeübt hat, lehnt die Ratifizierung nach einer 17-stündigen Sitzung mit 101 gegen 63 Stimmen ab. Auf Antrag der Regierung beschließt der Münchner Landtag jedoch, die Verfassung als rechtsverbindlich anzuerkennen, wenn zwei Drittel der westdeutschen Länder zustimmen.[48] Bayern bleibt in der Bundesrepublik.

Am 23. Mai kommen sie nachmittags wieder in der Pädagogischen Akademie zusammen, Theodor Heuss, Carlo Schmid, Elisabeth Selbert und all die anderen. Noch einmal nehmen sie unter dem Gobelin mit dem »Raub der Europa« Platz. Die Aula ist mit Birkenzweigen geschmückt. Sogar die beiden Kommunisten tragen schwarze Anzüge.

Konrad Adenauer sitzt mit Schriftführerin Helene Weber und dem übrigen Präsidium auf dem Podium. Vor ihnen in der Mitte haben die Mitglieder des Parlamentarischen Rates Platz genommen. Links an der Fensterfront blickt Adenauer auf die Vertreter der Militärregierungen, die mit großer Entourage gekommen sind. Ministerpräsidenten und Landtagspräsidenten sowie die Vertreter der Kirchen haben ebenfalls ihre Plätze eingenommen. Der Raum ist proppenvoll. Einige Gäste wurden sogar draußen vor die geöffneten Fenster platziert.

Orgelspiel ertönt. Es ist die G-Moll-Fantasie von Johann Sebastian Bach.[49] Die Stimmung ist so feierlich wie bei einer Taufe. Die Rundfunksender übertragen live, als der Präsident die Annahme des Grundgesetzes durch die Landtage feststellt. Mit diesem 23. Mai 1949, erklärt Konrad Adenauer getragen, trete die Bundesrepublik Deutschland in die Geschichte ein. Die Abgeordneten des Parlamentarischen Rates werden in alphabetischer Reihenfolge aufgerufen. Nacheinander kommen sie unter Orgelklängen nach vorne, um am Tisch mit der Deutschlandfahne das Grundgesetz zu unterschreiben. Nur die beiden Abgeordneten der KPD verweigern den Namenszug. »Ich unterzeichne nicht die Spaltung Deutschlands«, ruft Heinz Renner aus.

Nachdem auch die Berliner und die Vertreter der Länder signiert haben, hält Konrad Adenauer eine kurze Abschlussrede. Alle Mitglieder des Parlamentarischen Rates seien »in den vergangenen neun Monaten Gebende und Empfangende gewesen. Keiner hat nur gegeben, jeder hat auch vom anderen empfangen.« Diese Erfahrung wolle man hinaustragen in den Kampf der Parteien, der nun bald beginnen werde. »Möge er in vornehmer und sachlicher

Weise geführt werden und in Anerkennung der ehrlichen Meinung Andersdenkender.«[50] Schließlich erheben sich die Anwesenden, während der Präsident das Inkrafttreten des Grundgesetzes der Bundesrepublik Deutschland verkündet. Nach neun Monaten in der Bonner Verfassungswerkstatt ist die Arbeit beendet.

Und was sollen sie jetzt singen? Darüber haben sie sich intensiv Gedanken gemacht. Das Trizonesienlied kann es ja wohl nicht sein. Das Deutschlandlied mit dem Text von Hoffmann von Fallersleben ist zwar nur in der amerikanischen Zone verboten, aber weithin verpönt. Die Nazis haben »Deutschland, Deutschland über alles« zum militärischen Programm erhoben und diese erste Strophe zusammen mit dem Horst-Wessel-Lied gegrölt. Jemand schlägt vor, nur die Melodie von Haydn spielen zu lassen. Das empfindet Carlo Schmid jedoch als zu »verschämt«.[51] Auf seinen Vorschlag stimmen sie daher ein patriotisches Studentenlied an, das 1820 auf einer Wanderung zwischen Eisenach und Gotha entstanden sein soll: »Ich habe mich ergeben«. Der Turnlehrer und Germanist Hans Ferdinand Maßmann hat es aus Verzweiflung über die Verfolgung geschrieben, die ihn wie viele liberale und deutschnationale Intellektuelle nach den Karlsbader Beschlüssen traf. Fast alle in der Bonner Runde kennen es aus der Schule.[52] Jetzt singen sie es zum Abschluss der Arbeiten am Grundgesetz:

»Ich habe mich ergeben
Mit Herz und mit Hand
Dir, Land voll Lieb und Leben
Mein deutsches Vaterland.«

Drei Jahre später beschließt der erste Bundespräsident Theodor Heuss, die dritte Strophe des Deutschlandliedes »Einigkeit und Recht und Freiheit« als Nationalhymne bei offiziellen Anlässen zu singen. Die Westdeutschen werden jedoch lange schweigen, wenn das Lied bei Staatsempfängen oder in Fußballstadien erklingt – wegen der Teilung des Landes und weil das Singen einer deutschen Hymne schwer belastet ist.

Das gilt auch für die Ostdeutschen mit ihrer Hymne »Auferstanden aus Ruinen« von Johannes R. Becher nach der Melodie von Hanns Eisler. Die vierte Zeile »Lass uns dir zum Guten dienen, Deutschland, einig Vaterland« steht bald im Widerspruch zur Staatsräson der DDR. Deren Führung schwört der Wiedervereinigung ab und betrachtet die Bundesrepublik als Ausland. Daher lässt sie das Lied nur noch als Instrumentalfassung abspielen.

Das Schweigen bei den Hymnen ist eine der wenigen deutsch-deutschen Gemeinsamkeiten. Es tritt ein, wovor Louise Schroeder auf dem Koblenzer Rittersturz warnte. Ihre Vision eines vereinten Deutschlands wird erst viel später Wirklichkeit werden. Nach wochenlangen Beratungen ist die Pariser Außenministerkonferenz ergebnislos zu Ende gegangen. Die Sowjets lehnen den Vorschlag der westlichen Alliierten ab, die Länder ihrer Besatzungszone dem Grundgesetz beitreten zu lassen. Es wird keine Einheit in Freiheit für die Deutschen geben.

Am 14. August finden die Wahlen zum ersten deutschen Bundestag statt. Am 7. September konstituiert er sich in Bonn, ebenso wie der Bundesrat. Genau einen Monat später wird am 7. Oktober 1949 die Deutsche Demokratische Republik gegründet. Deutschland und Berlin sind geteilt.

Stalin zwingt der DDR eine Diktatur auf. Trotz des Namens machen in der Deutschen Demokratischen Republik nicht das Volk und seine frei gewählten Repräsentanten die Politik. Die Herrschaft übt vielmehr ein eigenmächtiges, unkontrolliertes Regime in Gestalt der Sozialistischen Einheitspartei Deutschland (SED) aus. Deren Parteispitze wird 40 Jahre lang die gesamte Entwicklung in Politik, Wirtschaft und Gesellschaft bestimmen.[53] Es sind die Ostdeutschen selbst, die sich 1989 mit der friedlichen Revolution befreien.

Am 10. November 1989, am Morgen nach dem Mauerfall, eilt der frühere Regierende Bürgermeister und SPD-Ehrenvorsitzende Willy Brandt nach Berlin. Auf dem Balkon des Schöneberger Rathauses erinnert der fast 76-jährige ehemalige Widerstandskämpfer an die Ursache der Teilung: »Das deutsche Elend begann mit dem terroristischen Nazi-Regime und dem von ihm entfesselten schrecklichen Krieg. Jenem schrecklichen Krieg, der Berlin wie so viele andere deutsche und nichtdeutsche Städte in Trümmerwüsten verwandelte.« Daraus ist die Spaltung Europas, Deutschlands und Berlins erwachsen. »Und jetzt erleben wir, und das ist etwas Großes«, fährt Willy Brandt voller Dankbarkeit fort, »dass die Teile Europas wieder zusammenwachsen.«[54]

Epilog – Was aus ihnen wurde

Konrad Adenauer wird am 15. September 1949 zum ersten Kanzler der Bundesrepublik Deutschland gewählt – mit einer Stimme Mehrheit. Von 1951 bis 1955 amtiert er zugleich als Außenminister. Er treibt die Westintegration und damit die Souveränität der Bundesrepublik voran. Höhepunkt dieser Politik sind 1955 die Pariser Verträge mit den westlichen Alliierten und das Ende der Besatzung. Der Preis für die deutsche Souveränität ist die Wiederbewaffnung der Bundesrepublik und der Beitritt zur NATO im gleichen Jahr. Viermal wird Konrad Adenauer zum Bundeskanzler gewählt. »Die Anerkennung der ehrlichen Meinung Andersdenkender«, die er bei der Verkündung des Grundgesetzes für den Wahlkampf forderte, lässt er selbst jedoch vermissen. Um die klar antikommunistische SPD zu bekämpfen, verteufelt er sie als rote Gefahr und lässt sie sogar vom Bundesnachrichtendienst bespitzeln. Erst 1963 tritt er auf Druck seines Koalitionspartners FDP zurück.

Thomas Dehler zieht für die FDP in den Bundestag ein und gehört der ersten Regierung Adenauer als Bundesjustizminister an. Er wird FDP-Fraktionsführer und Bundesvorsitzender seiner Partei. Das Verhältnis zu Kanzler Adenauer verschlechtert sich jedoch infolge wachsender Meinungsverschiedenheiten zu innen- und außenpolitischen Fragen. 1957 legt er den Fraktions- und Parteivorsitz nieder. Dem Bundestag gehört er bis zu seinem Tod 1967 als Vizepräsident an.

Gail S. Halvorsen wird im Januar 1949 nach 126 Flügen für die Luftbrücke in die USA zurückgerufen. 1970 schickt ihn sein Land noch einmal als Kommandant des Flughafens Tempelhof nach Berlin, wo er bis zu seinem Ruhestand 1974 bleibt. Er bekommt das Bundesverdienstkreuz verliehen und trägt 2002 bei der Eröffnungsfeier der Olympischen Winterspiele in seiner Heimatstadt Salt Lake City für die deutsche Mannschaft das Namensschild »Germany«. Mehrmals nimmt Halvorsen in Berlin an Gedenkveranstaltungen zur Luftbrücke teil, zuletzt im Jahr 2019. Er stirbt 2022 im Alter von 101 Jahren. Zahlreiche Berliner Schulen tragen seinen Namen.

Theodor Heuss zieht als erster Bundespräsident in die Villa Hammerschmidt ein und bleibt bis 1959 im Amt. Der liberale Journalist will die Deutschen zu Demokraten erziehen und mit dem Ausland versöhnen. Ein wichtiges Thema seiner Amtszeit ist die Auseinandersetzung mit dem Nationalsozialismus. 1952 weist er in einer Rede am ehemaligen Konzentrationslager Bergen-Belsen die Behauptung zurück, man habe nichts von den Verbrechen an den Juden gewusst. Zugleich fordert er alle Deutschen auf, sich mit der Wahrheit auseinanderzusetzen. Der brillante Redner gilt als idealer Bundespräsident. Rufe nach einer Grundgesetzänderung werden laut, um ihm nach seiner zweiten Amtszeit fünf weitere Jahre im Amt zu ermöglichen. Theodor Heuss lehnt jedoch eine Verfassungsänderung wegen seiner Person ab.

Hermann Höpker-Aschoff zieht für die FDP in den ersten Deutschen Bundestag ein und wird Vorsitzender des Finanzausschusses. 1951 wählt ihn der Bundestag zum ersten Präsidenten des neu gegründeten Bundesverfassungsgerichtes. Er hat das Amt bis zu seinem Tod im Jahr 1954 inne.

Anton Pfeiffer bleibt zunächst Leiter der bayerischen Staatskanzlei und wird 1951 deutscher Botschafter in Belgien.

Max Reimann ist bis 1953 Fraktionsvorsitzender der KPD im Bundestag. Er soll an der Freiheitsberaubung kritischer KPD-Mitglieder beteiligt gewesen sein, die nach Ostberlin gelockt und weiter in die Sowjetunion verschleppt wurden. Wegen einer drohenden Haftstrafe siedelt er 1954 in die DDR über. 1968 kehrt er in die Bundesrepublik zurück und wird Ehrenvorsitzender der KPD-Nachfolgepartei DKP.

Heinz Renner gehört als Bundestagsabgeordneter für die KPD zu den häufigsten Rednern im Plenum und liefert sich weiterhin augenzwinkernd scharfe Rededuelle mit Konrad Adenauer. Im Zuge des Kalten Krieges wird der Ton rauer. 1953 verpasst die KPD den Einzug in den Bundestag. Heinz Renner gerät politisch ins Abseits und finanziell in Bedrängnis. Ihm wird die Rente als NS-Geschädigter aufgrund der Mitgliedschaft in der inzwischen verbotenen KPD rückwirkend aberkannt. Vor einer drohenden Haftstrafe setzt er sich 1960 in die DDR ab.

Ernst Reuter bleibt Oberbürgermeister oder, wie es seit 1950 heißt, Regierender Bürgermeister von Berlin. Er stirbt im September 1953 im Alter von 64 Jahren an einem Herzanfall.

Carlo Schmid gehört 23 Jahre dem Deutschen Bundestag an und ist bis 1966 dessen Vizepräsident. Als Vertreter des Auswärtigen Ausschusses reist er 1955 mit Kanzler Adenauer nach Moskau. Da er in den Verhandlungen mit dem Kreml-Chef den richtigen Ton trifft, ist die Freilassung der letzten deutschen Kriegsgefangenen und die Aufnahme diplomatischer Beziehungen mit der Sowjetunion zu einem großen Teil auch sein Verdienst. Zeitlebens setzt er sich für die Aussöhnung mit Frankreich ein und gehört viele Jahre der Parlamentarischen Versammlung des Europarates in Straßburg an.

Louise Schroeder zieht 1949 als Berliner Abgeordnete für die SPD in den Bundestag. Sie wird als Kandidatin für das Amt des Bundespräsidenten gehandelt, unterliegt jedoch dem SPD-Granden Kurt Schumacher. Bis 1957 kämpft sie im Bundestag für eine enge Anbindung Berlins an den Bund und kritisiert den geringen Anteil von Frauen im Bonner Parlament. Als Mitglied der Parlamentarischen Versammlung des Europarates in Straßburg macht sie persönliche Bekanntschaft mit Winston Churchill. Der britische Oppositionsführer besteht darauf, sie bei einem Empfang als Tischdame kennenzulernen. 1957 wird sie an ihrem 70. Geburtstag als erste Frau zur Berliner Ehrenbürgerin ernannt. Als sie wenige Wochen später stirbt, nehmen die Berliner mit einem Staatsbegräbnis Abschied. Tausende Menschen säumen die Straßen, als ein von sechs Pferden gezogener Wagen mit dem Sarg zum Schöneberger Rathaus zieht.

Elisabeth Selbert verpasst knapp den Einzug in den ersten Deutschen Bundestag, nachdem die hessische SPD sie nur auf einer Landesergänzungsliste nominiert hat. Die Berufung zur Richterin am Bundesverfassungsgericht scheitert ebenfalls. Die Rechtsanwältin konzentriert sich daher auf ihre Arbeit im hessischen Landtag, dem sie drei Legislaturperioden bis 1958 angehört. Danach zieht sie sich aus der Politik zurück, führt ihre Kasseler Kanzlei mit dem Schwerpunkt Familienrecht jedoch bis ins Alter von 86 Jahren weiter.

Friedrich Wilhelm Wagner gehört dem Bundestag drei Legislaturperioden bis 1961 an. Danach wechselt der Sozialdemokrat aus Ludwigshafen als Richter zum Bundesverfassungsgericht, wo er bis zum Herbst 1967 als Vizepräsident und Vorsitzender des Zweiten Senats amtiert.

Helene Weber gilt in der jungen Bundesrepublik als einflussreichste Frau der Union – als Bundestagsabgeordnete von 1949 bis 1962 und als Mitglied der Beratenden Versammlung des Europarates in Straßburg. Sie ist zudem Vorstandsmitglied der Internationalen Liga der Katholischen Frauenverbände und Vorsitzende im Kuratorium des Deutschen Müttergenesungswerkes.

Anmerkungen

1. Deutscher Schicksalsauftrag

1 Huschke, Wolfgang J.: Die Rosinenbomber, S. 283
2 Paul Löbe, in: Rexin, Manfred: Louise Schroeders Lebenswerk – Texte, Tondokumente und Zeitzeugen-Aussagen, S. 7
3 Weber, Petra: Louise Schroeder, Deutsche Biographie https://www.deutsche-biographie.de/gnd118967541.html#ndbcontent
4 Grünewald, Wilhard: Die Münchner Ministerpräsidentenkonferenz 1947, in: Schulz-Maneke, Marthina: Louise Schroeder als Politikerin, mit besonderer Berücksichtigung ihrer Tätigkeit als amtierender Oberbürgermeister von Berlin, S. 89
5 Der Parlamentarische Rat, Akten und Protokolle, Bd. 1, S. 61
6 Potsdamer Abkommen, Kapitel B, Absatz 14, https://www.pbs.org/wgbh/americanexperience/features/truman-potsdam/
7 Der Parlamentarische Rat, Bd. 1, S. 31
8 Ebd., S. 62
9 Der Spiegel, 16. 7. 1948: »In einer belagerten Stadt«
10 O-Ton Schroeders Sekretärin Gertrud Loppach, in: Rexin, S. 19
11 Weber, ebd.
12 Ebd.
13 New York Times, Mai 1948, in: Rexin, S. 21 und: Das Parlament, 22. 5. 1998
14 Erinnerung des Reichstagsabgeordneten Josef Felder, in: Rexin, S. 10
15 https://www1.wdr.de/mediathek/audio/zeitzeichen/audio-otto-wels-und-seine-rede-gegen-das-ermaechtigungsgesetz-der-nazis-100.html
16 Koerfer, Marthina: Louise Schroeder – Eine Frau in den Wirren deutscher Politik S. 5
17 Weber, ebd.
18 Koerfer, S. 15 ff.
19 Das Parlament, 28. 3. 1987: »Mutter Berlins in Krisenjahren«
20 Der Parlamentarische Rat, Bd. 1., S. 63

21 Ebd., S. 115
22 Berger, Thomas; Müller, Karl-Heinz: Lebenssituationen 1945–1948, Nieders. Landeszentrale für politische Bildung, S. 26 f.
23 Löbe, Paul: Sozialdemokratischer Pressedienst, 28. 3. 1952, https://library.fes.de/spdpd/1952/520328.pdf, Manfred Rexin, S. 12 f.
24 Rexin, S. 19
25 Adenauer, Konrad: Erinnerungen, S. 18 f.
26 Biermann, Werner: Konrad Adenauer, S. 183 ff.
27 Ebd., S. 239
28 Ebd., S. 240 f.
29 Adenauer, S. 19 f.
30 O-Ton Schroeders Sekretärin Gertrud Loppach, in: Rexin, S. 19
31 Ebd., S. 17
32 Görtemaker, Manfred: Geschichte der Bundesrepublik Deutschland, S. 29
33 Stolper, Gustav: Die deutsche Wirklichkeit, S. 119
34 Verg, Erik: Das Abenteuer, das Hamburg heißt, S. 186
35 Der Spiegel, 9. 5. 1947: »Zukunftsmode: Barfuß«
36 Benz, Wolfgang: Infrastruktur und Gesellschaft im zerstörten Deutschland, in: Informationen zur politischen Bildung Nr. 259, S. 19
37 Weber, Petra: Getrennt und doch vereint, S. 56
38 Benz, Wolfgang: Wie es zu Deutschlands Teilung kam, S. 329
39 Der Parlamentarische Rat, Bd. 14, S. 926
40 Auszug aus der Rede von James Byrnes, in: Benz, Wolfgang: Ost-West-Konflikt und deutsche Teilung, in: Informationen zur politischen Bildung, Nr. 259, S. 41
41 Geppert, Dominik: Die Ära Adenauer, 2022, S. 12, https://content.e-bookshelf.de/media/reading/L-18099871-6f8c846eb5.pdf
42 Vogel, Thomas: Kriegsfolgen, https://www.bpb.de/themen/nationalsozialismus-zweiter-weltkrieg/der-zweite-weltkrieg/202284/kriegsfolgen/
43 Görtemaker, S. 36
44 Brandt, Peter: 1948 – Jahr der Entscheidung, S. 17
45 George F. Kennan: Memoirs 1925–1950, Boston und Toronto 1967, S. 258, in: Görtemaker, S. 35
46 Ebd., S. 36
47 Lautemann/Schlenke (Hrsg.), Die Welt seit 1945, S. 576 f., Görtemaker, S. 38

48 Ebd., S. 39
49 Berliner Zeitung, 23. 6. 1948, Schulz-Maneke, S. 107
50 Eschenburg, Theodor: Jahre der Besatzung, S. 452
51 Rexin, S. 23
52 Schulz-Maneke, S. 110
53 Angabe der Sekräterin Gertrud Loppach in: Schulz-Maneke, S. 111
54 Archiv der sozialen Demokratie, Personalia Louise Schroeder, O-Ton Zeitzeugin zum 25. Todestag
55 Görtemaker, S. 42
56 Der Tagesspiegel, 5. Juli 1948: »Luftbrücke wird ausgebaut«
57 Huschke, S. 119
58 Ebd., S. 43
59 The Papers of General Lucius D. Clay. Germany 1945–1949, Bd. 2, S. 623, in: Brandt, S. 14
60 Huschke, S. 94
61 Alliiertenmuseum, Luftbrücken-Chronologie, https://www.alliiertenmuseum.de/thema/die-berliner-luftbruecke/#Chronologie
62 Westdeutsche Rundschau, 10. 7. 1948: »Kann Berlin von der Luft leben?«
63 Ebd.
64 Adenauer, Konrad: Briefe 1945–1947, bearbeitet v. Hans Peter Mensing, in: Winkler, Heinrich-August: Der lange Weg nach Westen, S. 126
65 Der Parlamentarische Rat, Akten und Protokolle, Bd. 1., S. 141
66 Ebd., S. XXV
67 Weber, Petra: Carlo Schmid, S. 332 ff., Feldkamp, Michael F.: Der Parlamentarische Rat 1948–1949
68 Ebd. S. 27, Görtemaker, S. 51
69 Feldkamp, S. 22, Görtemaker, S. 46 ff.
70 Feldkamp, S. 20
71 Schmid, Carlo: Erinnerungen, S. 326 f.
72 Der Parlamentarische Rat, Bd. 1, S. 90
73 Schmid, S. 329
74 Weber, Petra: Carlo Schmid, S. 99
75 Ebd., S. 126 ff.
76 Schmid, S. 217
77 Ebd. S. 335 ff.

78 Weber, ebd., S. 335 ff.
79 Der Parlamentarische Rat, Bd. 1, S. 144
80 Görtemaker, S. 52
81 Rheinische Post, 8.12.1948: »Alles für Berlin«
82 Der Parlamentarische Rat, Bd. 1, S. 151 ff.
83 Ebd., S. XXXV
84 Feldkamp, S. 33, siehe auch: Schmid, S. 306 f.
85 Halvorsen, Gail S.: Kaugummi und Schokolade. Die Erinnerungen des Berliner Candy Bombers, S. 46 ff.
86 Ebd., S. 47
87 Ebd., S. 50
88 Ebd., S. 86
89 Ebd., S. 87
90 Ebd., S. 89
91 Ebd., S. 92
92 Ebd., S. 100
93 Ebd., S. 102
94 Ebd., S. 105 ff.
95 Der Parlamentarische Rat, Bd. 1, S. 167
96 Ebd., S. 168 ff.
97 Weber, Petra: Getrennt und doch vereint, S. 141
98 Friedensburg, Ferdinand: Es ging um Deutschlands Einheit, 1971, S. 240, in: Schulz-Maneke, S. 113
99 Der Parlamentarische Rat, Bd. 1, S. 192
100 Ebd.
101 Ebd.
102 Abelshauser, S. 661 ff.
103 Weber, Petra: Carlo Schmid, S. 339
104 Ebd.
105 Feldkamp, S. 47
106 Der Parlamentarische Rat, Bd. 1, S. 194
107 Ebd., S. 267
108 Ebd., S. 273
109 Ebd., S. 274
110 Ebd., S. 277 f.
111 Ebd., S. 278
112 Ebd.
113 Ebd.

114 Ebd., S. 279 f.
115 Ebd., S. 281
116 Ebd., S. 286 f.
117 Feldkamp, S. 39 f.
118 Schmid, S. 354
119 Huschke, S. 110
120 Halvorsen, S. 10
121 Ebd.
122 Huschke, S. 294
123 Ebd., S. 107
124 Ebd., S. 108
125 Der Parlamentarische Rat, Bd. 1, S. 325
126 Huschke, S. 141 f.

2. In der Verfassungswerkstatt

1 Feldkamp, S. 40
2 Adenauer, Konrad: Erinnerungen, S. 152
3 Der Parlamentarische Rat, Bd. 2, S. 503
4 Ebd., S. 502
5 Ebd., S. 71 ff.
6 Ebd., S. 102
7 Ebd.
8 Ebd.
9 Ebd.
10 Ebd., S. 104
11 Ebd., S. 96
12 Ebd., S. 554
13 Ebd., S. CX ff.
14 Weber, Petra: Carlo Schmid, S. 348
15 Der Spiegel, 3.9.1948: »Zur Geschäftsordnung«
16 Schmid, S. 357
17 Der Parlamentarische Rat, Bd. 1, S. 410 f., Anm. 2
18 Frotscher/Pieroth: Verfassungsgeschichte, S. 387
19 https://www.parlamentarischerrat.de/festakt_892_festakt=47_seitentiefe=2.html
20 Biermann, S. 282 f.

21 Ebd., S. 289
22 Ebd.
23 Schmid, S. 355 f.
24 Biermann, ebd., siehe auch: Der Parlamentarische Rat, Bd. 9, S. 152
25 Stiftung Haus der Geschichte der Bundesrepublik Deutschland: https://www.parlamentarischerrat.de/mitglieder_891_mitglied=90_seitentiefe=2.html
26 Schmid, S. 411
27 Stiftung Haus der Geschichte der Bundesrepublik Deutschland, https://www.parlamentarischerrat.de/mitglieder_891.html
28 Der Parlamentarische Rat, Bd. 9, S. VII f, Feldkamp, S. 47 ff.
29 Ebd.
30 Die Zeit, 27. 1. 1949: »Parlamentarier in guter Stimmung«
31 https://www.parlamentarischerrat.de/konstituierung_893_konstituierung=46_seitentiefe=2.html
32 Schmid, S. 359
33 Ton-Dokument der Antrittsrede: https://www.parlamentarischerrat.de/konstituierung_893.html
34 Der Spiegel, 3. 9. 1948: »Zur Geschäftsordnung«
35 Morsey, Rudolf: Die Rolle Konrad Adenauers im Parlamentarischen Rat, S. 30
36 Schmid, S. 358
37 Weber, Petra: Carlo Schmid, S. 353
38 Der Parlamentarische Rat, Bd. 9, S. 21 ff.
39 Weber, ebd., S. 355
40 Der Parlamentarische Rat, Bd. 9, S. 38
41 Ebd.
42 Eschenburg, S. 450
43 Huschke, S. 141
44 Brandt, S. 26
45 Eschenburg, S. 454 f.
46 Der Parlamentarische Rat, Bd. 9, S. 152 ff.
47 Ebd.
48 Ebd., S. 154 ff.
49 Der Parlamentarische Rat, Bd. 5/1, S. 160
50 Amnesty International Deutschland, Allgemeine Erklärung der Menschenrechte
51 Der Parlamentarische Rat, Bd. 2, S. 580

52 BVerfG, Beschluss 1. Senat vom 20.10.1992, 1 BVR 698/89
53 https://www.tagesschau.de/inland/faq-hartzvier-101.html
54 https://www.tagesschau.de/inland/hartz-vier-urteil-105.html
55 Parlamentarischer Rat, Bd. 5/1, S. 64
56 Kohler-Gehrig, Eleonora: Die Geschichte der Frauen im Recht, 2007, S. 23, https://kohler-gehrig.weebly.com/uploads/1/3/3/3/133308385/geschichte_der_frauen_im_recht.pdf
57 Selbert, Elisabeth: Rundfunkansprache zur Verabschiedung des Gleichberechtigungsartikels, 19. Januar, in: »Es lebe unsere Demokratie! Deutsche Reden 1945 bis heute«, S. 25
58 https://de.statista.com/statistik/daten/studie/1178949/umfrage/scheidungsraten-vor-und-nach-dem-zweiten-weltkrieg/
59 Schmid, S. 410
60 Körner, Torsten: In der Männer-Republik, S. 34 f.
61 Siehe Stiftung Haus der Geschichte: https://www.hdg.de/lemo/biografie/helene-weber.html
62 Der Parlamentarische Rat, Bd. 5/II, S. 749
63 Ebd., S. 748
64 Ebd., S. 517
65 Der Parlamentarische Rat, Bd. 14, S. 510
66 Pieroth, Bodo: Die Grundrechte des Grundgesetzes in der Verfassungstradition, S. 21 f.
67 Ebd., S. 22
68 BverfGE 12, 36 (1960) Grimm, Dieter: Die Historiker und die Verfassung, S. 179
69 Ebd., S. 168
70 Ebd., S. 179 f.
71 BverfGE 20, 162 (1966), siehe auch Grimm, S. 166
72 https://www2.klett.de/sixcms/media.php/229/A00011_60530704.pdf
73 Der Parlamentarische Rat, Bd. 14/I, S. 539 f.
74 Ebd., S. 540
75 Weber, Petra: Carlo Schmid, S. 355 f.
76 Ebd., S. 540
77 BAMF: https://www.bamf.de/SharedDocs/Anlagen/DE/Statistik/SchluesselzahlenAsyl/flyer-schluesselzahlen-asyl-2022.pdf?__blob=publicationFile&v=7
78 Der Parlamentarische Rat, Bd. 14/2, S. 1418

79 BpB: https://www.bpb.de/kurz-knapp/hintergrund-aktuell/160780/vor-zwanzig-jahren-einschraenkung-des-asylrechts-1993/
80 Grimm, S. 96
81 Gespräch mit Prof. Dr. Bodo Pieroth, 1. 3. 2023
82 Gespräch mit Prof. Dr. Wolfgang Hoffmann-Riem, 16. 3. 2023

3. Das Gespenst des Dritten Weltkrieges

1 Huschke, S. 141
2 https://www.stiftung-luftbrueckendank.de/index_htm_files/Berlinblockade%20und%20Luftbruecke%20Chronologie.pdf
3 Halvorsen, S. 116
4 Ebd., S. 120 ff.
5 Ebd., S. 116 f.
6 Brandt, S. 28
7 Telegramm Louise Schroeders vom 26. 10. 1948 aus dem Sanatorium an das Oberbürgermeisterbüro in Berlin, Landesarchiv Berlin
8 Michalski, Bettina: Mit Herz und Hand, Die Oberbürgermeisterin Louise Schroeder (1887–1957), S. 119: https://berlingeschichte.de/bms/bmstxt00/0012porc.htm
9 Der Tagesspiegel, 5. 12. 1948: »Noch von ihrem Krankenlager«
10 Rexin, S. 25
11 Berlin. Quellen und Dokumente, S. 1716, in: Schulz-Maneke, S. 131
12 Feldkamp, S. 142
13 Ebd., S. 141
14 Der Parlamentarische Rat, Bd. 5, S. XXV
15 Biermann, S. 293
16 Schmid, S. 405
17 Ebd.

4. Der große Streit

1 Der Parlamentarische Rat, Bd. 9, S. XXXI
2 Der Spiegel, 15.10.1948: »Es gibt nur einen Adenauer«
3 Ebd.

4 Görtemaker, S. 68
5 Der Parlamentarische Rat, Bd. 7, S. 33, Theodor Heuss: Streiten um das Staatsfragment, S. 91
6 Benz, S. 299 f.
7 Görtemaker, S. 68
8 Der Parlamentarische Rat, Bd. 2, S. 122
9 Der Spiegel, 15. 10. 1948: »Es gibt nur einen Adenauer«
10 Adenauer, S. 205 ff.
11 Feldkamp, S. 123
12 Görtemaker, S. 68
13 Weber, Petra: Carlo Schmid, S. 365 f., siehe auch: Der Parlamentarische Rat, Bd. 10, S. 56
14 Ebd., Bd. 14/1, S. 828
15 Ebd., Bd. 4, S. XVIII
16 Der Parlamentarische Rat, Bd. 4, S. XIX
17 Der Spiegel, 22.12.1948: »Das Eis ist gebrochen«
18 Der Parlamentarische Rat, Bd. 8, S. 63 f.
19 Der Spiegel, ebd.
20 Ebd.
21 Der Parlamentarische Rat, Bd. 8, S. 70 f.
22 Ebd., S. XXXIX, siehe auch: Weber, Petra: Carlo Schmid, S. 367
23 Feldkamp, S. 137
24 Der Parlamentarische Rat, Bd. 14/2, S. 1315
25 Ebd., S. 1310
26 Ebd., S. 1311
27 Weber, ebd., S. 367 f.
28 Ebd., S. 368
29 Brief an Dr. Erich Hildebrand, 23. 2. 1949, Archiv der sozialen Demokratie
30 Feldkamp, S. 137
31 Der Parlamentarische Rat, Bd. 14/1, S. 858
32 Brief von Karl Kuhn an Carlo Schmid, 25. 3. 1974, Archiv der sozialen Demokratie
33 Der Spiegel, 25. 2. 1949: »Hoch über allen thront Konrad«
34 Stiftung Bundespräsident-Theodor-Heuss-Haus: Parlamentarische Poesie, S. 34
35 Der Parlamentarische Rat, Bd. 14, S. 1473, Anm. 29: Auszug aus Interview der Agentur International News Service mit Stalin in Paris

36 Feldkamp, S. 142; Weber, Petra: Getrennt und doch vereint, S. 145
37 Ebd.
38 Schmid, S. 366
39 Ebd.
40 Feldkamp, S. 146 f.
41 Ebd., S. 147
42 Der Parlamentarische Rat, Bd. 4, S. XVIII
43 Feldkamp, S. 148
44 Ebd., S. 143
45 Der Parlamentarische Rat, Bd. 14, S. 927 ff.
46 Ebd., S. 927
47 Ebd., S. 930
48 Ebd., S. 935
49 Ebd., S. 955
50 Feldkamp, S. 143
51 Ebd., S. 144, Der Parlamentarische Rat, Bd. 10, S. 84
52 Feldkamp, S. 144

5. Störfeuer aus dem Osten

1 Der Parlamentarische Rat, Bd. 5, S. XXV, Anm. 36
2 Ebd., Bd. 14, S. 1506
3 Ebd., Bd. 2, S. 102
4 Der Parlamentarische Rat, Bd. 9, S. 375
5 Der Spiegel, 4. 3. 1949: »Alle Zeit ein frohes Herz«
6 Der Palamentarische Rat, Bd. 10, S. XXII
7 Ebd. S. 92, Anm. 8
8 Ebd., S. 91
9 Ebd., S. XXIII
10 Ebd., S. 97
11 https://www1.wdr.de/stichtag7900.html https://www.kölner-karneval.de/historie-koelner-karneval/1950-trizonesien-lied-nationalhymne-der-nachkriegszeit
12 Pressekonferenz vom 19. 4. 1950 in Berlin: https://www.konrad-adenauer.de/seite/19-april-1950-pressekonferenz-des-bundeskanzlers-adenauer-in-berlin-auszug/
13 Der Spiegel, 25. 2. 1948: »Hoch über allen thront Konrad«

14 Brief an Dr. Erich Hildebrand vom 23.2.1949, Archiv der sozialen Demokratie
15 Feldkamp, S. 163
16 Weber, Petra: Carlo Schmid, S. 375
17 Adenauer, S. 164
18 Schmid, S. 390
19 Huschke, S. 265 ff.
20 Ebd., S. 270
21 Ebd., S. 269

6. Poker um das Grundgesetz

1 Feldkamp, S. 174
2 Schmid, S. 392
3 Der Parlamentarische Rat, Bd. 8, S. 234
4 Schmid, S. 391
5 Feldkamp, S. 175
6 Ebd., S. 175 f. und Feldkamp, Michael: Adenauer, die Alliierten und das Grundgesetz, S. 124 ff.
7 Winkler, S. 135
8 Feldkamp, Michael: Der Parlamentarische Rat, S. 176, siehe auch: Schmid, S. 393
9 Feldkamp, ebd., S. 176.
10 Der Parlamentarische Rat, Bd. 11, S. 157
11 Ebd., Bd. 8, S. 244
12 Ebd., Bd. 11, S. XXXVII
13 Feldkamp, Michael: Adenauer, die Alliierten und das Grundgesetz, S. 130
14 Brief an Hans Ludwig Marzi, 4.3.1949, Nachlass Carlo Schmid, Archiv der sozialen Demokratie
15 Grimm, S. 84
16 Winkler, S. 130
17 Der Parlamentarische Rat, Bd. 9, S. 504, Anm. 5
18 Ebd., S. 429 f., Anm. 3
19 Der Spiegel, 6.5.1949: »Ball-Band-Ball-Spiel«
20 Ebd., 11.5.1949: »Fünf Minuten nach zwölf«
21 Der Parlamentarische Rat, Bd. 9, S. 429, Anm. 3

22 Ebd., S. 430
23 Ebd., Bd. 11, S. 278
24 Ebd., S. 280 f.
25 Feldkamp, S. 188
26 Ebd., S. 281
27 Der Parlamentarische Rat, Bd. 5, S. 170
28 Winkler, S. 135
29 Der Parlamentarische Rat, Bd. 9, S. 445
30 Ebd., Bd. 5, 170
31 Ebd., S. 171
32 Ebd., Bd. 14, S. 1782
33 Ebd., Bd. 9, S. 180
34 Ebd., S. 193 f.
35 Ebd., S. 191
36 Jarras, Pieroth: Grundgesetz-Kommentar, S. 9 ff.
37 Der Parlamentarische Rat, Bd. 9, S. 537 f.
38 Jarass, Pieroth, S. 289
39 Görtemaker, S. 112
40 Jarass, Pieroth, S. 610
41 Frotscher, Pieroth, S. 267
42 Der Parlamentarische Rat, Bd. 9, S. 465 f.
43 Frotscher, Pieroth, S. 409
44 Der Parlamentarische Rat, Bd. 14, S. 1618
45 Schmid, S. 106 f.
46 Der Parlamentarische Rat, Bd. 14, S. 1625
47 Brief an Hans Ludwig Marzi, 4. 3. 1949, Archiv f. soziale Demokratie
48 Der Parlamentarische Rat, Bd. 9, S. 479
49 Ebd., S. 482 f.
50 Adenauer, S. 172

7. Deutsch-deutsches Dilemma

1 Der Parlamentarische Rat, Bd. 9, S. 505
2 Ebd., Bd. 14, S. 1780 f.
3 Der Parlamentarische Rat, Bd. 9, S. 507 ff.
4 Ebd., S. 512
5 Ebd.

6 Ebd., S. 515
7 Ebd., S. 516
8 Der Parlamentarische Rat, Bd. 9, S. 587
9 Ebd., S. 588
10 Ebd., S. 500 f., 596
11 Ebd., S. 597
12 Ebd., S. 598
13 Ebd., S. 592
14 Eschenburg, S. 509
15 Ebd., S. 615 f.
16 Ebd., S. 605
17 Ebd., S. 606
18 Ebd., S. 607 f.
19 Der Parlamentarische Rat, Bd. 9, S. 542
20 Der Spiegel, 11.5.1949: »Fünf Minuten nach zwölf«
21 Eschenburg, S. 509
22 Der Parlamentarische Rat, Bd. 9, S. 628
23 Ebd., S. 626 f.
24 Eschenburg, S. 517
25 Görtemaker, S. 72
26 Schmid, S. 398
27 Eschenburg, S. 517
28 Adenauer, S. 173
29 Schmid, S. 404
30 Ebd., S. 399
31 Eschenburg, S. 519
32 Der Parlamentarische Rat, Bd. 9, S, 683, Anm. 86
33 Feldkamp, S. 156, siehe auch Eschenburg, S. 519 und Görtemaker, S. 72
34 Foto aus dem SZ-Fotoarchiv
35 Der Tagesspiegel, 14. 5. 1949: »Die Rückkehr zum normalen Leben«
36 Ebd., »Speise-Eis aus Schleswig-Holstein«
37 Huschke, S. 279
38 ebd., S. 281 ff.
39 Der Tagesspiegel, 13. 5. 1949: »Der erste Tag ohne Blockade«
40 Ebd.
41 https://www.filmothek.bundesarchiv.de/video/583639?q=welt%20im%20film%20207&set_lang=de

42 Rexin, S. 32
43 Der Spiegel, 18. 5. 1949: »Ich suche den göttlichen Funken«
44 Feldkamp, S. 195
45 Der Parlamentarische Rat, Bd. 8, S. 264 f.
46 Ebd., S. 266
47 Feldkamp, S. 195
48 Eschenburg, S. 510
49 Stifung Haus der deutschen Geschichte: https://www.parlamentarischerrat.de/unterzeichnung_895_unterzeichnung=36_seitentiefe=2.html
50 Ebd.
51 Schmid, Carlo: Brief an Hans Walz, 19. 7. 1949, Nachlass, Archiv der sozialen Demokratie
52 Eschenburg, S. 507
53 Sontheimer, Kurt u. a.: Grundzüge des politischen Systems Deutschland, S. 70
54 https://www.bpb.de/themen/deutsche-einheit/deutsche-teilung-deutsche-einheit/43709/rede-von-willy-brandt-am-10-november-1989-vor-dem-rathaus-schoeneberg/

Dank

Was wäre aus der Idee zu diesem Buch geworden, wenn nicht viele Menschen geholfen hätten. Der Journalist und Historiker Dr. Heiner Wember begleitete die Entstehung von Anfang an. Für seine Anregungen, Literaturhinweise und das Gegenlesen des Manuskriptes danke ich ihm ganz besonders.

Dem Potsdamer Historiker Prof. Dr. Manfred Görtemaker danke ich für sorgfältige Lektüre und unersetzliche Hinweise. Der Staatsrechtler und Verfassungshistoriker Prof. Dr. Bodo Pieroth aus Münster stand mir mit prompter juristischer Beratung, Literatur und Faktencheck zur Seite. Prof. Dr. Wolfgang Hoffmann-Riem von der Bucerius Law School in Hamburg nahm sich die Zeit für ein ausführliches Info-Gespräch. Dr. Uta Piereth von der Bayerischen Schlösserverwaltung gab mir als Kuratorin der sehenswerten Ausstellung Einblicke in den Verfassungskonvent von Herrenchiemsee. Dr. Gertrud Lenz brachte mich im Bonner Archiv der sozialen Demokratie auf die richtige Spur. Bernd von Kostka vom Alliierten Museum in Berlin gab wertvolle Informationen zur Luftbrücke.

Ein großer Dank geht an meinen Lektor Martin Breitfeld für die hervorragende Zusammenarbeit wie auch an Reinhold Joppich für seine feurige Unterstützung. Fürs Mitfiebern und spontane Lektüren danke ich meinen Freunden, insbesondere Sabine Baun, Juliane Brumberg, Lisa Degener und Michael Gleich.

Mein Sohn Luca Di Leo und Kristin Jähnig haben sich zu Beginn des Schreibens als junge Testleser zur Verfügung und wichtige Fragen gestellt. Ihnen danke ich ebenso wie meiner Tochter Stella Di Leo und Kai Kallweit. Vor allen anderen danke ich meinem Mann und erstem Leser Mario Di Leo. Sein großes Interesse für die Entstehung des deutschen Grundgesetzes und seine tatkräftige Unterstützung haben mich durch die Arbeit an diesem Buch getragen.

Literatur- und Bildverzeichnis

Abelshauser, Werner: Zur Entstehung der Magnet-Theorie in der Deutschlandpolitik, in: Vierteljahreshefte für Zeitgeschichte, Heft 4, 1979

Adenauer, Konrad: Erinnerungen, DVA 1965

Alliiertenmuseum, Luftbrücken-Chronologie: https://www.alliiertenmuseum.de/thema/die-berliner-luftbruecke/#Chronologie

Amnesty International: Allgemeine Erklärung der Menschenrechte, 2019

Archiv der sozialen Demokratie, Friedrich-Ebert-Stiftung, Bonn:

- Nachlass Carlo Schmid
- Personalia Louise Schroeder, O-Ton Zeitzeugin zum 25. Todestag
- Personalia Elisabeth Selbert

Arendt, Hannah: Über die Revolution, Piper, 2019

Bauer-Kirsch, Angela: Der Verfassungskonvent von Herrenchiemsee – Wegbereiter des Parlamentarischen Rates, Dissertation, Bonn, 2005

Benz, Wolfgang: Wie es zu Deutschlands Teilung kam, dtv, 2018

Berger, Thomas, Müller, Karl-Heinz: Lebenssituationen 1945–1948, Niedersächsische Landeszentrale für politische Bildung, 1983

Biermann, Werner: Konrad Adenauer – Ein Jahrhundertleben, Rowohlt, 2022

Brandt, Peter: 1948 – Jahr der Entscheidung, Ernst-Reuter-Hefte Nr. 1, 2012

Der Parlamentarische Rat 1948–1949, Akten und Protokolle, herausgegeben vom Deutschen Bundestag, Bd. 1–17

Eschenburg, Theodor: Jahre der Besatzung: 1945–1949, Deutsche Verlagsanstalt, 1983

Feldkamp, Michael: Adenauer, die Alliierten und das Grundgesetz, LMV, 2023

Feldkamp, Michael F.: Der Parlamentarische Rat 1948–1949, Bundeszentrale für politische Bildung, 2020

Frotscher, Werner, Pieroth, Bodo: Verfassungsgeschichte, 19. Auflage, C. H. Beck, 2021

Görtemaker, Manfred: Geschichte der Bundesrepublik Deutschland, C. H. Beck, 1999

Grimm, Dieter: Die Historiker und die Verfassung, C. H. Beck, 2022

Halvorsen, Gail S.: Kaugummi und Schokolade, Die Erinnerungen des Berliner Candy Bombers, edition Grüntal, 2005

Haus der Geschichte der Bundesrepublik Deutschland: https://www.parlamentarischerrat.de/mitglieder_891.html

Hömig, Dieter, Wolff, Heinrich Amadeus: Grundgesetz-Kommentar, Nomos Verlagsgesellschaft, 2022

Hoffmann-Riem, Wolfgang: Nachvollziehende Grundrechtskontrolle – Zum Verhältnis von Fach- und Verfassungsgerichtsbarkeit am Beispiel von Konflikten zwischen Medienfreiheit und Persönlichkeitsrecht, Archiv des öffentlichen Rechts, Band 128, 2003

Huschke, Wolfgang J.: Die Rosinenbomber – Die Berliner Luftbrücke 1948/49, Metropol, 1999

Jarras, Hans D., Pieroth, Bodo: Grundgesetz-Kommentar, C.H. Beck, 2018

Koerfer, Marthina: Louise Schroeder – Eine Frau in den Wirren deutscher Politik, Berliner Forum 4/87

Kohler-Gehrig, Eleonora: Die Geschichte der Frauen im Recht, 2007, https://kohler-gehrig.weebly.com/uploads/1/3/3/3/133308385/geschichte_der_frauen_im_recht.pdf

Lautemann, Wolfgang, Schlenke, Manfred (Hrsg.): Die Welt seit 1945. Geschichte in Quellen, Bayerischer Schulbuchverlag München, 1980

Morsey, Rudolf: Die Rolle Konrad Adenauers im parlamentarischen Rat, in: Politik und Zeitgeschichte, 21.2.1970

Pieroth, Bodo: Die Grundrechte des Grundgesetzes in der Verfassungstradition, in: Merten, Detlef und Papier, Hans-Jürgen: Handbuch der Grundrechte in Deutschland und Europa, C.F. Müller Verlag, 2006

Potsdamer Abkommen, Kapitel B, Absatz 14, https://www.pbs.org/wgbh/americanexperience/features/truman-potsdam/

Rexin, Manfred für die SPD-Fraktion im Deutschen Bundestag: Louise Schroeders Lebenswerk – Texte, Tondokumente und Zeitzeugenaussagen

Richter, Hedwig: Demokratie – Eine deutsche Affäre, C.H. Beck, 2021

Sarkowicz, Hans: Es lebe unsere Demokratie! Deutsche Reden 1945 bis heute, marixverlag, 2019

Schmid, Carlo: Was heißt eigentlich Grundgesetz? Rede vor dem Parlamentarischen Rat am 8. September 1948, http://artikel20

gg.de/Texte/Carlo-Schmid-Grundsatzrede-zum-Grundgesetz.htm

Schmid, Carlo: Erinnerungen, Scherz, 1979

Schulz-Maneke, Marthina: Louise Schroeder als Politikerin, mit besonderer Berücksichtigung ihrer Tätigkeit als amtierender Oberbürgermeister von Berlin 1947/1948, 1985, in: Archiv für soziale Demokratie, Bonn

Sontheimer, Kurt u. a.: Grundzüge des politischen Systems Deutschlands, Piper, München, 2007

Stiftung Bundespräsident-Theodor-Heuss-Haus: Streiten um das Staatsfragment – Theodor Heuss und Thomas Dehler berichten von der Entstehung des Grundgesetzes, DVA, 1999

Stiftung Bundespräsident-Theodor-Heuss-Haus: Parlamentarische Poesie, 1999

Stolper, Gustav: Die deutsche Wirklichkeit, Claassen & Goverts, Hamburg, 1949

Verg, Erik: Das Abenteuer, das Hamburg heißt, Ellert & Richter, 1990

Weber, Petra: Carlo Schmid, C. H. Beck, 1996

Weber, Petra: Schroeder, Louise, in: Neue Deutsche Biographie 23 (2007), https://www.deutsche-biographie.de/pnd118967541.html#ndbcontent

Weber, Petra: Getrennt und doch vereint, Deutsch-deutsche Geschichte 1945–1989/90, Institut für Zeitgeschichte, Metropol, 202

Winkler, Heinrich-August: Der lange Weg nach Westen, C. H. Beck, 2010

Bildverzeichnis

S. 15: picture alliance / ASSOCIATED PRESS | BAA

S. 55: U.S. Air Force

S. 73: Bestand Erna Wagner-Hehmke, Stiftung Haus der Geschichte

S. 79: Bestand Erna Wagner-Hehmke, Stiftung Haus der Geschichte

S. 81: picture alliance / akg-images

S. 83: Bestand Erna Wagner-Hehmke, Stiftung Haus der Geschichte

S. 89: bpk / Benno Wundshammer

S. 101: Bestand Erna Wagner-Hehmke, Stiftung Haus der Geschichte

S. 130: Bestand Erna Wagner-Hehmke, Stiftung Haus der Geschichte

MIX
Papier | Fördert gute Waldnutzung
FSC® C014496

2. Auflage 2024

Covergestaltung: FAVORITBUERO, München
Covermotiv: Die Unterzeichnung des Grundgesetzes am 23. Mai 1949 wird von Zuschauern und Pressevertretern verfolgt, die von außen in den Sitzungssaal der Pädagogischen Akademie blicken.

Gesetzt aus der Utopia
Satz: Buch-Werkstatt GmbH, Bad Aibling
Druck und Bindung: GGP Media GmbH, Pößneck
ISBN 978-3-462-00427-4

Über 15 Millionen Mal wurden Kinder in der BRD und der DDR seit 1945 zur Kur geschickt. Für viele von ihnen waren diese Wochen prägend – und doch haben sie kaum darüber geredet. Wo liegen die historischen Wurzeln der Kinderverschickung? Hat der Nationalsozialismus Spuren hinterlassen? Wie war der Alltag, was erlebten die Kinder dort – und welche Tiefenwirkungen hatte das für die Gesellschaft der Nachkriegszeit? Spannend, anschaulich und erschütternd: Lena Gilhaus erzählt anhand unveröffentlichter Dokumente und vieler Erlebnisberichte die verdrängte Geschichte der Kinderkuren.